国家中等职业教育改革发展示范学校规划教材·物流服务与管理专业

物流市场营销实训指导书

主　编　刘　杨　　孙明贺

副主编　刘丽丽　　张宝江

中国财富出版社

图书在版编目（CIP）数据

物流市场营销实训指导书／刘杨，孙明贺主编 . —北京：中国财富出版社，2015.3
（国家中等职业教育改革发展示范学校规划教材 . 物流服务与管理专业）
ISBN 978 - 7 - 5047 - 5647 - 3

I. ①物… II. ①刘… ②孙… III. ①物资市场—市场营销—中等专业学校—教学参考资料
IV. ①F252. 2

中国版本图书馆 CIP 数据核字（2015）第 070869 号

| 策划编辑 | 崔 旺 | | 责任印制 | 何崇杭 |
| 责任编辑 | 敬 东 崔 旺 | | 责任校对 | 梁 凡 |

出版发行	中国财富出版社			
社　　址	北京市丰台区南四环西路 188 号 5 区 20 楼		邮政编码	100070
电　　话	010 - 52227568（发行部）		010 - 52227588 转 307（总编室）	
	010 - 68589540（读者服务部）		010 - 52227588 转 305（质检部）	
网　　址	http://www.cfpress.com.cn			
经　　销	新华书店			
印　　刷	北京京都六环印刷厂			
书　　号	ISBN 978 - 7 - 5047 - 5647 - 3/F · 2352			
开　　本	787mm×1092mm　1/16		版　　次	2015 年 3 月第 1 版
印　　张	13.25		印　　次	2015 年 3 月第 1 次印刷
字　　数	275 千字		定　　价	30.00 元

内容简介

　　本书是物流服务与管理专业的实训教材。主要系统地介绍了物流企业如何应用现代市场营销的理论和方法，综合运用各种营销手段、技术与措施，制定市场营销策略，取得市场竞争优势，使企业立于不败之地。全书内容按照物流营销各个部分的逻辑关系分为9个项目，认知物流市场营销、调研物流市场、选择物流目标市场营销战略、产品策略、价格策略、促销策略、认知营销渠道、认知物流客户服务、处理物流客户服务业务。

　　通过本课程的学习，旨在让学生了解迅速发展的物流企业应如何开展市场营销活动，建立最新物流管理的理念，培训学生基本的市场营销能力，掌握现代物流市场营销的理论和方法，掌握物流企业管理的基本原理，能综合运用物流管理知识、各种营销手段、技术、措施和策略，为今后尽快适应工作岗位要求以及从事物流管理和物流市场营销工作打下坚实的基础。

　　本书内容丰富、深入浅出、易学易懂，教学可操作性强。本书是较为成熟的物流营销教材，可供大中专院校相关专业的师生教学使用，也可作为广大物流企业内部员工培训和管理人员自修提高的参考书。

前　言

随着世界经济一体化、贸易全球化和我国改革的不断深入，物流业必将在我国得到空前的发展，也必将成为我国国民经济的支柱产业和新的经济增长点。物流专业人才已经成为全国最紧缺的人才之一。为了满足这一需求，也为了进一步满足中等职业学校适应物流服务与管理专业应用型人才培养的客观需要，中国财富出版社组织相关学校的骨干教师、相关企业人员编写了本教材。

本书以物流企业开展营销工作的实际需要为导向，以培养学生物流营销理论与技能为基础，采用了项目、任务、情境的结构体系，突出了实践技能与训练在课程体系中的重要地位，同时结合过程性考核评价，关注了营销素质的锻炼与培养。全书共有 9 个项目 22 个任务，介绍了物流营销的理论知识和技能框架，在内容安排上充分考虑认知规律和学习习惯，每个任务都由实训课程名称、实训课程课时、实训学习目标、实训学习方法、实训课程程序、考核标准、熟能生巧 7 个板块构成。总之，在教材的编写过程中，力求使读者通过本书的学习，能够全面地、清晰地掌握物流营销的基本理论和操作技能，并为提升学生未来履岗能力打下良好的基础。

本书由河北经济管理学校刘杨、孙明贺担任主编，河北经济管理学校刘丽丽、环众软件（上海）有限公司张宝江担任副主编，河北经济管理学校何丽丽、李俊梅、贾晓英、张志磊、谢璐，新疆商贸经济学校姜萍，甘肃省经济学校宋玉梅，河北国大商业有限公司史玉凤参加编写。全书的框架与结构策划以及修改定稿均由刘杨完成。

本书在编写过程中参考了大量的文献资料，引用了诸多专家学者的研究成果，同时也得到了中国财富出版社编辑帮助与支持，在此一并表示诚挚的谢意。

由于编者水平有限，本书难免有疏漏之处，恳请广大读者和专家批评指正。

编　者
2015 年 1 月

前　言

目　录

项目一　认知物流市场营销

物流市场营销关系物流企业的生存与发展，是物流企业成功的法宝。作为物流企业的营销人员，必须要对物流市场营销的基本知识和理论进行准确的理解和把握。只有这样，营销实践才会成功。这就要求初学者必须从基础学起，认知物流市场营销，感知营销观念。

实训课任务一　组建创业团队与成立公司

☞ **实训课程名称**

组建创业团队与成立公司

☞ **实训课程学时**

6 学时

☞ **实训学习目标**

知识目标 ✛➤

1. 了解创业的本质；转变创业观念；点燃创业激情。

2. 了解创业团队的含义；理解团队组建要考虑的主要问题及创业的类型；掌握如何组建创业团队；如何打造优秀的创业团队。

3. 了解物流企业的概念、类型，掌握物流企业成立的流程。

能力目标 ✛➤

1. 锻炼学生的团队合作能力。

2. 能够填制建立公司的各种表格，提升履岗能力。

☞ **实训学习方法**

多媒体讲授法、项目教学法、角色扮演法、头脑风暴法

☞ **实训课程程序**

实训课程介绍 ◆➤

本次实训课任务旨在让学生通过模拟组建创业团队、成立公司等活动了解实际工作中创立公司的程序，发挥学生在学习过程中的主体作用，使其主动参与活动，提高自信心，加强与他人的交流合作；引导学生去发现问题、解决问题；同时在学习中培养学生的创新能力、表现力以及合作能力。

实训任务说明 ◆➤

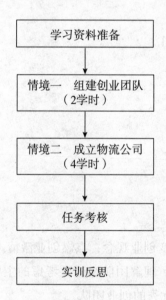

```
┌─────────────────┐
│   学习资料准备    │
└─────────────────┘
         ↓
┌─────────────────┐
│ 情境一  组建创业团队 │
│    （2学时）      │
└─────────────────┘
         ↓
┌─────────────────┐
│ 情境二  成立物流公司 │
│    （4学时）      │
└─────────────────┘
         ↓
┌─────────────────┐
│    任务考核       │
└─────────────────┘
         ↓
┌─────────────────┐
│    实训反思       │
└─────────────────┘
```

实训知识铺垫 ◆➤

一、创业团队的内涵

"创业团队"是指在创业初期（包括企业成立前和成立早期），由一群才能互补、责任共担、愿为共同的创业目标而奋斗的人所组成的特殊群体。

创业团队需具备五个重要的团队组成要素，简称为5P：目标（Purpose）、人（People）、团队定位（Place）、权限（Power）、计划（Plan）。

二、创业团队的组建

1. 组建创业团队的基本条件

树立正确的团队理念，明确团队的发展目标，建立责、权、利统一的团队管理机制。

2. 组建创业团队的模式

（1）公司制。创业投资采用公司制形式，即设立有限责任公司或股份有限公司，运用公司的运作机制及形式进行创业投资。

（2）合伙制。合伙制是指依法在中国境内设立的由各合伙人订立合伙协议，共同出资、合伙经营、共享收益、共担风险，并对合伙企业的债务承担无限连带责任的营利性经营组织。

3. 组建创业团队的程序和方法

确定创业目标；制订创业计划；招募适宜人员；划分职权；构建制度体系；团队调整、融合。

三、转变创业观念，点燃创业激情

你一定知道，当今社会很多人找不到事做。可你知道吗，当今社会很多事找不到人做？人类社会发展的需求。自立、自主、自强、自我实现、自我超越的需要。要想创业，首要条件是创业激情。给自己一份冲动，哪怕是异想天开！给自己一份激情，哪怕只有一分钟！

诺贝尔奖获得者丁肇忠强调："兴趣是成功的唯一保证。""好多人做事有毅力，实际是表面现象。成功从来就不来自于毅力，那是被动的、无味的，必定是很痛苦的。就成功来说，真正起作用的是兴趣。"所以要在创业中找寻"快乐"。人永远在追求快乐，逃避痛苦。逃避痛苦的力量，甚至要大于追求快乐的力量。

四、物流和物流企业

物流是指为了满足客户的需要，以最低的成本，通过运输、保管、配送等方式，为了实现原材料、半成品、成品及相关信息由商品的产地到商品的消费地所进行的计划、实施和管理的全过程。

物流企业是专门从事物流活动的经济组织，是具有运输、存储、装卸、搬运、包装、流通加工、配送、信息处理等功能，按照客户需求进行多功能及一体化运作的组织和管理，具有与自身相适应的信息管理系统，实行独立核算、独立承担民事责任的经济组织。

五、物流企业的分类

1. 仓储型

（1）以从事仓储业务为主，为客户提供货物储存、保管、中转等仓储服务，具备一定规模。

（2）企业能为客户提供配送服务以及商品经销、流通加工等其他服务。

（3）企业具有一定规模的仓储设施、设备，自有或租用必要的货运车辆。

（4）具备网络化信息服务功能，可通过信息系统对货物进行状态查询和监控。

2. 运输型

（1）以从事货物运输业务为主，包括货物快递服务或运输代理服务，具备一定规模。

（2）可以提供门到门运输、门到站运输、站到门运输、站到站运输服务和其他物流服务。

（3）企业自有一定数量的运输设备。

（4）具备网络化信息服务功能，可通过信息系统对运输货场进行状态查询和监控。

3. 货代型

（1）从事货运代理业务，为客户办理报关手续等。

（2）为客户提供出入海关服务。

（3）企业自有一定规模的设施、设备，自有或租用必要的货运车辆。

（4）具备网络化信息服务功能，可通过信息系统对货物进行状态查询和监控。

4. 综合服务型

（1）从事多种物流服务业务，可以为客户提供运输、货运代理、仓储、配送等多种物流服务。

（2）根据客户的需求，可为客户制定整合物流资源的运作方案，为客户提供契约性的综合物流服务。

（3）按照业务要求，企业自有或租用必要的运输设备、仓储设施及设备。

（4）企业具有完备的客户服务体系。

六、成立公司程序

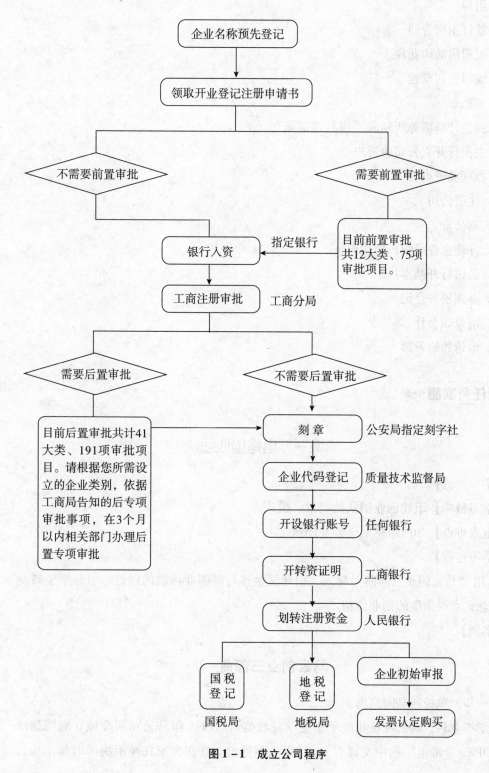

图1-1 成立公司程序

1. 核名
2. 租房
3. 签订租房合同
4. 买租房的印花税
5. 编写公司章程
6. 刻私章
7. 到会计师事务所领取"银行询证函"
8. 去银行开立公司验资户
9. 办理验资报告
10. 注册公司
11. 刻公章
12. 办理企业组织机构代码证
13. 去银行开基本户
14. 办理税务登记
15. 请兼职会计
16. 申请领购发票

实训任务实施 ✦➤

情境一　组建创业团队

【学　　时】2

【学习目标】组建创业团队的要素、模式

【重点难点】如何组建最佳创业团队

【学习过程】

1. 用"马云创业三部曲"导入,引导学生参与对创业话题的讨论,引导学生转变创业观念,点燃学生的创业激情。

【案例】

马云创业三部曲

第一步:单枪匹马闯商海。

大学毕业后,马云在杭州电子工业学院教英语。1991 年马云和朋友成立海博翻译社(HOPE,"希望"的中文译音),结果入不敷出。就在大家犹豫不决的时候,马云一个人背着大麻袋去义乌，卖小礼品、卖鲜花、卖书、卖衣服、卖手电筒。两年间，马云竟然干成了这件傻事，不仅养活了翻译社，而且组织了杭州第一个英语角。如今，海博已是杭州最大的翻译社。

第二步：义无反顾投向网络世界。

1995 年年初，马云首次在美国偶遇互联网，这对电脑一窍不通的马云来说是一个新鲜的领域。他发现当时网上没有任何关于中国的资料。出于好奇，他便请人做了一个自己翻译社的网页，没想到，3 个小时内就收到了 4 封邮件。马云敏锐地意识到：互联网必将改变世界！

马云看好互联网的未来，于是毅然下海，开始筹备创业。"当时觉得互联网不错，就找了 24 个人到我家里，对着他们讲了两个小时，他们没听懂，我自己也没讲明白，最后我问到底怎么样，其中 23 个人说算了吧，只有一个人说你可以试试看，不行赶紧逃回来。想了一晚上，第二天一早我还是决定继续做。"

第三步：成就狂人的网络帝国。

1999 年 3 月 10 日，阿里巴巴公司在马云家中创立。《亚洲华尔街日报》总编曾在当时去过阿里巴巴公司，"没日没夜地工作，屋子的地上有一个睡袋，谁累了就钻进去睡一会儿。"他笑称"阿里巴巴是中国电子商务的阿里妈妈"。

2. 提供情境资料，布置组建创业团队的任务。

【情境资料】假设你们是一群刚刚毕业的学生，不满足衣食无忧的现状，想通过自己的努力开创一片新天地，创造属于自己的未来。为了实现你们的梦想，请从组建创业团队开始吧。

思考问题：

（1）为什么要创业？应具备什么样的创业理念？

（2）创业团队的内涵是什么？

（3）组建创业团队有何作用？

（4）组建创业团队的条件和模式有哪些？

3. 学生组建创业团队。

（1）自我演讲。通过演讲的形式来展示同学们各自的性格、兴趣、价值观、能力，便于大家认识和了解。

（2）竞聘董事长。根据班级人数的情况，把全班分成 6~8 个小组，通过竞聘来选出几位董事长。

（3）竞聘岗位。由董事长挑选和任命总经理、财务总监、营销总监、法律顾问、生产总监等。

（4）组建团队。制定本团队的目标、口号，讨论如何创业以及成立什么样的公司。

（5）团队展示。

情境二　成立物流公司

【学　时】4

【学习目标】了解公司，了解物流公司

【重点难点】公司成立的程序

【学习过程】

1. 播放品牌公司、物流活动和物流公司的相关视频，让学生对公司、物流和物流企业有直观的了解。

2. 学生自主学习物流、物流企业及其类型等知识。

3. 设置情境让学生模拟成立公司。

【情境资料】下面是 A 君的工作经历：担任大学经济学讲师两年，在大型国际航空公司担任会计稽核师 1 年，在大型食品制造公司担任营销企划师 1 年，在贸易公司担任食品进口部业务经理 3 年。工作多年后，A 君突发奇想，想自行创业，成立第三方物流公司。但初期只募集到 300 万元人民币的资金。如果你是 A 君：

（1）请为公司做市场定位并说明理由。

（2）你认为你应该找何种人才来帮助你创业。

（3）你认为创立第三方物流公司的成功要素是什么？

（4）成立物流公司的流程是什么？

4. 搜集信息。

各小组利用互联网搜集拟成立公司的相关资料，例如公司成立的流程、需要填制的表格、公司标志的设计、公司经营理念及发展愿景的确定等，并确定某一种产品作为主营业务。

5. 分析资料。

各组组长组织小组成员对本组拟成立公司的相关资料进行分析、讨论，为成立公司做好准备。

6. 设计公司标志。

各小组把收集到的各种资料进行整合，在思考、酝酿、甄选的基础上形成自己的思路，并设计出公司标志。

7. 填制表格。

按照成立公司的流程填制各种表格。如企业（字号）名称预先核准申请表、设立登记申请表、股东（发起人）名单、董事经理监理情况、法人代表登记表、指定代表或委托代理人登记表、空白询征函表格，签订租房（购房）协议、编写公司章程、刻章，填写验资报告，组织机构代码证。

8. 成立公司。

将填制好的表格交给老师，审查通过后就可以领取"营业执照"并成立公司了。

实训任务考核 ✦➤

1. 如何组建创业团队？

_____

_____

2. 组建创业团队的条件和模式有哪些？

_____

_____

3. 成立公司的程序是什么？

_____

_____

实训任务总结 ✦➤

_____

_____

_____

_____

_____

_____

_____

_____

_____

_____

_____

_____

☞ 考核标准

【情境一活动评价】

表1-1　　　　　　　　　　"组建创业团队"评分表

考评内容	能力评价			
	具体内容	分值	学生评分 (0.4)	教师评分 (0.6)
考评标准	人员配置的合理性	10		
	掌握创业团队要素	30		
	设计创业团队标识	20		
	团队展示	30		
	演讲情况	10		
合　计		100		

注：考评满分为100分，60~74分为及格；75~84分为良好；85分以上为优秀

各组成绩

小组	分数	小组	分数

教师记录、点评：

【情境二活动评价】

表 1 - 2　　　　　　　　"成立物流公司"评分表

考评内容	能力评价			
	具体内容	分值	学生评分 （0.4）	教师评分 （0.6）
考评标准	熟悉公司成立程序	10		
	筹备资料是否完善	30		
	填制表格的正确率	20		
	团队展示	30		
	PPT 制作	10		
合　计		100		

注：考评满分为 100 分，60 ~ 74 分为及格；75 ~ 84 分为良好；85 分以上为优秀

各组成绩			
小组	分数	小组	分数

教师记录、点评：

☞ **熟能生巧**

电驴（VeryCD）之父黄一孟是一名中途辍学的创业者。2003 年，verycd. com 只是爱好计算机的大学新生黄一孟陆续注册的众多个人网站中的一个。当时，因为不满于网络上质量不高且需收费的电影资源，黄一孟通过 VeryCD 很快聚集了一批和自己有着类似热情的用户，他们在下载的同时也愿意上传自己的资源。这让黄一孟意识到，这个所谓的个人网站不再只对他一个人具有价值。2004 年，黄一孟中途辍学，专心创业，成立了工作室。

黄一孟不仅是 VeryCD 的创始人，也是心动游戏的创始人。2012 年，心动游戏的收入达到了 10 亿元人民币。黄一孟依靠自己的感觉，摸索出了一条成功的创业之路。

思考：从黄一孟的创业经历看互联网思维。

实训课任务二　认知物流市场营销

☞ 实训课程名称

认识物流市场营销

☞ 实训课程学时

理论 2 学时，实训 8 学时

☞ 实训学习目标

知识目标 ◆▶

1. 了解商品、市场、市场营销的概念。
2. 理解物流市场营销的观念。
3. 理解物流和营销的关系。

能力目标 ◆▶

1. 能够根据所学营销理论知识解析教学片《首席执行官》。
2. 使学生具有运用市场概念和市场特征分析营销市场的能力，并运用现代营销观念指导市场营销实践。

☞ 实训学习方法

多媒体讲授法、观摩法、行动导向教学法

☞ 实训课程程序

实训课程介绍 ◆▶

本次实训课任务旨在让学生通过案例分析、观摩《首席执行官》等活动，对物流市场营销有一个整体的认知，让学生树立正确的营销观念，清楚物流营销与营销物流的区别，掌握科学学习物流营销的方法。

本次实训课任务分三个学习情境进行：认知物流市场营销、树立物流营销观念、观摩《首席执行官》。

实训任务说明 ✚▶

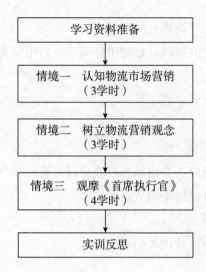

```
┌─────────────────────┐
│     学习资料准备      │
└─────────────────────┘
          │
┌─────────────────────┐
│ 情境一  认知物流市场营销 │
│      （3学时）        │
└─────────────────────┘
          │
┌─────────────────────┐
│ 情境二  树立物流营销观念 │
│      （3学时）        │
└─────────────────────┘
          │
┌─────────────────────┐
│ 情境三  观摩《首席执行官》│
│      （4学时）        │
└─────────────────────┘
          │
┌─────────────────────┐
│       实训反思        │
└─────────────────────┘
```

实训知识铺垫 ✚▶

一、商品、市场和市场营销

商品是用来交换的劳动产品。

市场是商品交换的场所，是商品交换关系的总和，人、购买力、购买欲望是构成市场的三要素。

市场营销是指通过一定的交易程序，满足消费者的现实需求和潜在需求，并实现企业营销目标的综合性经营销售活动。

营销目标——满足需求和欲望；营销核心——交换。营销是一种创造性的行为，是一个系统的管理过程，是企业参与社会活动的桥梁之一，其本质是营造企业文化，提升竞争力。

二、营销观念

1. 生产观念

时间：19 世纪末—20 世纪初

背景与条件：卖方市场，市场需求旺盛，供应能力不足。

核心思想：生产中心论，重视产量与生产效率。

营销顺序：企业→市场。

典型口号：我们生产什么，就卖什么。

2. 产品观念

时间：20 世纪 20 年代

背景与条件：消费者欢迎高质量的产品。

核心思想：致力于品质的提高，忽视市场需求，营销"近视症"。

营销顺序：企业→市场。

典型口号：质量比需求更重要。

3. 推销观念

时间：20 世纪三四十年代

背景与条件：卖方市场向买方市场的过渡阶段，致使部分产品供过于求。

核心思想：运用推销与促销来刺激需求的产生。

营销顺序：企业→市场。

典型口号：我们卖什么，就让人们买什么。

4. 市场营销观念

时间：20 世纪 50 年代

背景与条件：买方市场

核心思想：消费者主权论，发现需求并满足需求。

营销顺序：市场→企业→产品→市场。

典型口号：顾客需要什么，我们就生产供应什么。

四大支柱：目标市场、顾客满意、整体营销和营利性。

5. 社会市场营销观念

时间：20 世纪 70 年代

背景与条件：社会问题突出；消费者维权运动蓬勃兴起。

核心思想：企业营销 ＝ 顾客需求 ＋ 社会利益 ＋ 赢利目标。

营销顺序：市场及社会利益需求→企业→产品→市场。

三、物流市场营销和营销物流

物流市场营销就是物流企业将自己的物流产品或服务转化为客户所需要的利益和价值的过程。（从物流方的角度）

营销物流是指在营销活动过程中，产品经过计划、预测、储存、订购、运输、签收、销售等流转服务活动，最终到达顾客手中，同时将客户需求和相关产品信息反馈

给企业的循环过程。（从销售方的角度）

四、物流和营销的关系

（1）客户营销产品策略与物流是交织在一起的。

（2）客户营销价格策略与促销活动对物流产生极大的影响。

（3）物流是营销的大动脉。

（4）物流成本占营销成本的很大比重。

实训任务实施

情境一 认知物流市场营销

【学　时】3

【学习目标】了解商品、市场营销、物流市场营销概念

【重点难点】物流和营销的关系

【学习过程】

1. 教师展示系列物品的图片，并让学生选出哪些是商品。

如太阳、风、商场里琳琅满目的物品、自己家种的玉米、知识、信息、技术、服务。

引出商品的概念，即商品用来交换的劳动产品。包括有形产品和无形产品。

2. 教师让学生举例说说自己见过的市场。

如菜市场、商场、批发市场、人才市场、股票市场、超市等。

引出市场的概念，即市场是商品交换的场所，是商品交换关系的总和，人、购买力、购买欲望是构成市场的三要素。

3. 讨论"在大街上发小广告是推销还是营销"，推销和营销有何区别。

引出市场营销概念，即市场营销是指通过一定的交易程序，满足消费者的现实需求和潜在需求，并实现企业营销目标的综合性经营销售活动。

4. 让学生举例说说知道的物流企业，例如快递公司、中储物流等。讨论"物流企业需要营销吗？"

引出物流市场营销的概念，物流市场营销是市场营销在物流行业的运用，是指物流企业以物流市场的需求为核心，通过采取整体的物流营销行为，以提供物流产品和服务来满足顾客的需要和欲望，从而实现物流企业目标的过程。

物流营销就是物流企业将自己的物流产品或服务转化为客户所需要的利益和价值

的过程。（从物流方的角度）

营销物流是指在营销活动过程中，产品经过计划、预测、储存、订购、运输、签收、销售等流转服务活动，最终到达顾客手中，同时将客户需求和相关产品信息反馈给企业的循环过程。（从销售方的角度）

物流企业营销的任务主要是了解物流客户需求，进行物流市场调研，对物流市场进行细分；分析物流企业所处的市场环境，发现物流企业生存的机会与存在的风险；准确地进行物流市场定位；精心设计能够满足客户需求的物流产品及服务并合理定价；通过有效的方式进行物流企业宣传；通过公共关系等手段提升物流企业在公众中的形象等。

物流营销的产品：服务。物流企业为客户提供的产品是使物品在时间和空间上进行位置移动和形状变动的服务。通过物品和信息的流动，实现物流价值的最大化，因而它提供的不是有形产品，而是一种特殊的服务产品。它的无形性使得客户难以捉摸并予以评判，物流供应商和客户之间相互作用的重点也从直接的交易转向关系的协调上来。

5. 想一想在物流营销岗位应做好哪些工作。

（1）负责所辖区域内新客户的拓展及老客户的深耕工作。

（2）区域内知名企业的客户信息调研，了解客户的物流需求，为目标客户制定物流解决方案，拓展符合集团战略的社会化大客户。

（3）完成区域内收入、利润等 KPI 指标。

（4）监控区域内现有业务的日常运作情况，维护好客户关系，确保业务稳定运行。

（5）物流业务运作团队建设，建立与集团战略目标及核心价值观相一致的业务目标，提高人员工作效率，提升社会化业务利润。

（6）确保区域内业务账款、合同等资料合规，监督费用的回收情况。

（7）维护好客户关系，建立并巩固长期稳定的合作基础。

6. 案例分析。

【案例1】

宝洁公司为什么能够成功

宝洁公司的格言："我们生产和提供世界一流的产品，以美化消费者的生活。"

首先，宝洁从"理解消费者"入手，生产消费者需要的产品。宝洁公司是一家典型的以顾客为中心，用顾客需要来指导生产运营和营销活动的全球性大公司。P&G 所获得的对消费者的理解有两大用途：其一，证实 P&G 信奉的通用准则；其二，找到为了适应当地差异性而需要改进的工作内容地方。

其次，持续创新，提高产品价值。创新是宝洁实现增长的主要驱动力。宝洁的创新主要表现在以下三个方面，即："360°创新""反向设计"和"成本创新"。

再次，创造经营品牌的核心价值，树立以品牌为单元的产品经理体制。产品经理体制是一种矩阵形的组织结构，产品经理只对一种产品负责，对各个部门进行协调，保证各部门的行动统一在"战略或消费者价值之下"。以价值为核心的独立品牌体系，每一个品牌都是独一无二的，每个品牌必须独立培养顾客忠诚度。

最后，独特的广告策略。P&G 的每一个广告都会成为广告界的热门话题。它依仗 USP（Unique Selling Proposition），加上卓越的创意表现，使它的产品狂潮般地占领了中国市场。

思考问题：

（1）说说宝洁公司的产品有哪些，以宝洁为例，思考营销与推销的区别。

（2）以宝洁的某一种产品为例，说明其营销中的核心概念（基本需求、欲望、产品需求、产品、价值、市场）。

（3）宝洁的营销体现了哪一种营销观念？宝洁公司是如何在营销实践中应用这种观念的？

【案例 2】

宝供物流的营销战略

宝供物流企业集团是国内第一家注册成立的物流企业集团。为了在激烈的物流业竞争中占得先机，宝供做了大量的社会性工作。从 1997 年开始，宝供和北京工商大学合作，每年召开一次"物流技术与管理发展高级研讨会"，邀请国内外物流界专家和一些客户代表参加，为中国物流业的发展出谋划策，以期扩大物流业内部的信息交流和沟通。另外，2000 年，宝供在北京钓鱼台国宾馆召开新闻发布会，独家设立我国第一个由企业出资、面向物流领域的公益性的"宝供物流奖励基金"，每年出资 100 万元，用于奖励科技界、企业界和新闻界对中国物流业发展做出贡献的团体和个人。另还将筹资 1000 万 ~ 2000 万元用于对有关物流研究项目的资助。通过这些活动，宝供对自身进行了良好的促销和宣传，使企业树立了良好的形象，进而争得了更多的客户资源，在市场竞争中得以稳定发展并获得了更大的市场份额。

思考问题：

（1）宝供物流企业为何要与北京工商大学合作？为何要设立"宝供物流奖励基金"？

（2）什么是营销物流和物流市场营销？

（3）物流与营销有何关系？

要求：

（1）阅读案例。组长组织组员认真阅读上面的两个案例，并讨论案例中的问题。

（2）整理问题。每个小组把问题的讨论结果整理成PPT或电子文稿。

（3）抽签讲解。小组组长抽取讲解的题号，并选出一名代表讲解本组的讨论结果。

7. 教师点评总结。

教师检查各小组的任务完成情况并进行总结。

情境二　树立物流市场营销观念

【学　　时】3

【学习目标】了解物流市场营销观念

【重点难点】树立正确的营销观念

【学习过程】

1. 教师通过比较福特和TCL集团的营销观念引出营销观念的演变。

2. 引导学生总结并区分营销观念。

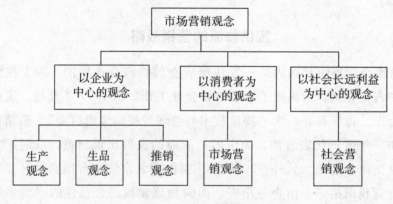

图1-2　市场营销观念

3. 讨论物流市场营销观念：客户满意观念、客户服务观念。

4. 通过抽签来决定本组需要调研的企业，如快递公司、中储物流、中国远洋物流有限公司、中邮物流有限责任公司、中国物资储运总公司、宝供物流企业集团有限公司。

5. 各小组上网查阅企业的相关资料或实地调研。

6. 采用表格的形式总结企业资料。

表 1-3 企业资料

组别： 调研时间：

报告人		所在组别		组长	
调研目的			调研地点		
调研对象			调研方法		

调研报告主要内容

序号	基本调研项目	具体内容
1	企业现状	
2	成长历程	
3	经营理念	
4	服务领域	
5	服务目标	
6	服务模式	
7	主要客户	
8	客户关系	
9	客服情况	
10	销售状况	
调研体会		
营销观念方面的建议		

7. 选取本组代表汇报企业资料的情况。

情境三 观摩《首席执行官》

【学　　时】4

【学习目标】了解市场营销在实际工作中的应用

【重点难点】营销战略的制定

【学习过程】

1. 教师布置学生讨论的任务，规定观看教学片的纪律。

2. 各组组长组织本组成员观看《首席执行官》教学片。

3. 与学生进行交流。

（1）该教学片体现了哪些营销观念？

（2）海尔从一个小厂发展成为家电龙头企业，从这件事中，你总结出作为企业的带头人应发挥什么样的作用。

（3）海尔在成长的过程中采用了哪些发展战略？

（4）海尔的经营理念是什么？

（5）5S 是指什么？

（6）海尔物流的发展情况。

（7）请谈谈这一教学片给你的启示。

4. 写一份观后感。

实训任务考核 ✦➤

1. 请用自己的话来描述商品、市场、市场营销、物流市场营销。

_____

_____

_____

2. 请举例谈谈市场营销观念的演变。

_____

_____

3. 分别举一例来说明下列十大方面的营销。

商品、服务、经历、事件、个人、地点、财产权、组织、信息、观念。

_____

_____

4. 分析电视节目《超级女声》的商业价值。

_____

_____

_____

_____

实训任务总结 ✦➤

_____

_____

_____

_____

_____

☞ **考核标准**

【情境一活动评价】

表 1－4 "认识物流市场营销"评分表

考评内容	能力评价			
考评标准	具体内容	分值	学生评分 (0.4)	教师评分 (0.6)
	物流市场营销相关概念的掌握	25		
	案例分析	40		
	团队合作有默契，有分工	15		
	团队展示、PPT 制作	20		
合　计		100		

注：考评满分为 100 分，60～74 分为及格；75～84 分为良好；85 分以上为优秀

各组成绩

小组	分数	小组	分数	小组	分数

教师记录、点评：

【情境二活动评价】

表 1－5 "树立物流营销观念"评分表

考评内容	能力评价			
考评标准	具体内容	分值	学生评分 (0.4)	教师评分 (0.6)
	理解营销观念的演变	25		
	区别新旧营销观念	25		
	理解物流营销观念	25		
	资料收集情况	25		
合　计		100		

注：考评满分为 100 分，60～74 分为及格；75～84 分为良好；85 分以上为优秀

各组成绩

小组	分数	小组	分数	小组	分数

教师记录、点评：

【情境三活动评价】

表 1—6　　　　　　　　　　"观摩《首席执行官》"评分表

考评内容	能力评价			
考评标准	具体内容	分值	学生评分 （0.4）	教师评分 （0.6）
	小组课堂纪律	10		
	问题讨论	40		
	实际应用	25		
	观后感	25		
合　　计		100		

注：考评满分为 100 分，60～74 分为及格；75～84 分为良好；85 分以上为优秀

各组成绩

小组	分数	小组	分数	小组	分数

教师记录、点评：

☞ 熟能生巧

马士基是班轮运输业最成功的承运商之一，也是全球最大的综合物流服务商。1997年，在大多数班轮公司亏损严重的情况下，它却赢利丰厚。马士基成功的秘诀之一就是严格执行安全法则。马士基对于船舶载运危险品规定了最大容许量。有一次，有一批危险品货物要由马士基船装运，但是货物没有装完就达到了最大的容许量，于是他们拒绝装运。这批货是他们公司一位重要客户托运的。这位愤怒的货主找到马士基理事托马斯·安德森，要求将这批货全部装船，并警告说若不同意发出就是违反合约，必须承担一切法律后果。安德森回答说，他非常遗憾，基于"安全第一"的原则，如果他屈服于客户的压力而装船，会将全部货物和船舶置于危险之中，将会影响社会安全，受到所有人的谴责。所以，这些未装船的集装箱必须搬走，不得装船。听到这些话后，这位货主的态度立即改变了，他接受了安德森的决定，并说，假如马士基破坏了自己定下的安全法则的话，那他就犯了错误。马士基因严格执行安全法则不仅没有得罪客户，反而赢得了客户的信任，使它获得了应得的利益。

事实上，为了更好地服务客户，马士基实现了物流服务的信息化，通过建立信息服务平台，使各级别的客户都可以跟踪其业务流程，让客户实时监控物品状况。另外，马士基还给供货商提供了一个网站，让供货商将班轮信息自动发到系统上而不必硬拷贝或发传真。客户和商家对马士基提供的更广泛的业务范围很感兴趣。与客户良好的合作关系使公司有了更好的商业发展前景，这种稳定的关系受到客户的一致称赞。马士基物流的综合服务吸引了大批新客户。只要客户需要，马士基就会提供相应的服务，这就是他们成功的关键。

思考：

（1）为什么马士基必须遵循"安全第一"的法则？这与马士基的成功有什么关系？

（2）马士基赢得客户信任的原因是什么？对我国物流企业从事营销活动有什么启示？

项目二　调研物流市场

　　本项目在"物流市场营销"课程的基础上，结合前期已学课程，通过明确市场营销环境的含义与构成，进行市场机会和环境威胁分析，讲解市场调研的含义、作用、内容、原则、种类、方法和流程，体会市场调研报告的基本格式和方法，从而根据营销目标制定调研方案、设计调研问卷、实施市场调研、甄选与汇总市场资料和信息、撰写调研报告等实践操作和训练，使学生掌握市场营销数据采集技能，锻炼学生市场调研能力和市场分析能力，提高学生的文案编写能力。

实训课任务一　分析物流市场营销环境

☞ **实训课程名称**

　　分析物流市场营销环境

☞ **实训课程学时**

　　理论 4 学时，实训 12 学时

☞ **实训学习目标**

知识目标 ✦►

　　1. 明确市场营销环境的含义。

　　2. 了解市场营销环境的构成。

　　3. 了解微观营销环境与宏观营销环境对营销活动的影响。

　　4. 认识市场营销环境与营销活动的动态适应关系。

　　5. 领悟 SWOT 分析法分析营销环境的具体步骤和分析过程。

能力目标

1. 学会对市场机会和环境威胁进行分析的思路与方法。
2. 知晓如何应对市场环境的变化。
3. 具有运用营销信息管理知识和技能分析和管理营销信息的能力。
4. 善于利用营销信息环境进行营销决策。

☞ 实训学习方法

自学（搜集资料法、比较学习法、小组讨论法）、听讲学习（提问、总结、作业）、实操（小组展示法、头脑风暴法、案例分析法）

☞ 实训课程程序

实训课程介绍

本次实训课任务旨在让学生通过学习和思考，掌握物流市场微观和宏观营销环境因素的内容以及这些因素是如何影响物流企业的营销活动的；学会对市场机会和环境威胁分析的思路与方法；初步领悟 SWOT 分析法分析物流营销环境的具体步骤和分析过程；知晓如何应对市场环境的变化，并利用营销信息环境进行营销决策。同时培养学生利用专业知识分析问题的能力、语言组织与表达能力和系统思维能力。

本次实训课任务分两个学习情境进行：认识物流市场营销环境、应用 SWOT 分析法分析物流市场营销环境。

实训任务说明

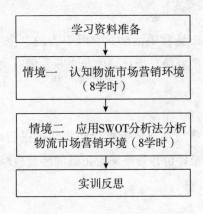

实训知识铺垫 ➤

一、市场营销环境的定义

市场营销环境是指影响企业市场营销活动及其目标实现的各种客观因素和力量的总和。市场营销环境包括微观环境和宏观环境。

二、市场营销环境的特征

（1）营销环境由多种因素和力量构成。

（2）营销环境因素是在不断扩大和发展变化的。

（3）不同企业面临的外界环境不相同。

（4）营销环境是一种强制的、不可控制的因素，又是一种不确定的、难以预料的因素。

三、营销环境和营销活动

首先，市场营销环境是在不断变化的；其次，企业营销活动受制于营销环境。营销活动要以环境为依据，企业要主动地适应环境，而且要通过营销努力地去影响环境，使环境有利于企业的生存和发展，有利于提高企业营销活动的有效性。

四、宏观环境和微观环境

宏观环境是指影响企业营销活动的社会性力量，包括政治法律环境因素、经济环境因素、社会文化环境、科学技术环境、人口环境和自然环境。

微观环境包括企业本身、营销渠道、顾客、竞争者和社会公众。

五、环境机会与环境威胁

环境机会是指对企业的市场营销活动具有吸引力的、企业采取有效措施可获得竞争优势的特定市场环境。环境威胁是指环境中与企业发展有关的不利趋势。

六、SWOT 分析法

将企业内部的优势和劣势与外部环境机会和威胁等进行综合分析，并结合企业的经营目标对备选方案做出系统评价，最终确定正确的经营战略。

实训任务实施

情境一　认知物流市场营销环境

【学　　时】8

【学习目标】体会宏观环境和微观环境，能够领悟营销环境对营销活动的影响

【重点难点】宏观环境和微观环境

【学习过程】

1. 学生查询资料并学习相关知识，教师讲解。

（1）什么是市场营销环境？

（2）市场营销环境有哪些特征？

（3）营销环境和营销活动之间有什么关系？

（4）叙述宏观环境和微观环境的具体内容。

（5）如何利用环境威胁矩阵图分析营销环境？

2. 阅读案例，教师组织学生讨论并回答资料中的相关问题。

【案例1】

老字号"王麻子"剪刀申请破产

在得知"王麻子"剪刀向法院提出破产申请时，《人民日报》的记者在报道中写道："迄今已有352年历史的著名老字号'王麻子'剪刀厂，难道会就此终结？""北有王麻子，南有张小泉。"在中国刀剪行业中，"王麻子"剪刀厂声名远扬。历史悠久的王麻子剪刀，早在（清）顺治八年（1651年）就在京城菜市口成立，是著名的中华老字号。数百年来，"王麻子"刀剪产品以刃口锋利、经久耐用而享誉民间。即使新中国成立后，"王麻子"刀剪仍很"火"，在生意最好的20世纪80年代末，"王麻子"一个月曾创造过卖7万把菜刀、40万把剪子的最高纪录。

但从1995年开始，"王麻子"的好日子一去不复返，陷入连年亏损的境地。审计资料显示，截至2002年5月31日，北京"王麻子"剪刀厂资产总额1283万元，负债总额2779万元，资产负债率高达216.6%，积重难返的"王麻子"，只有向法院申请破产。

思考问题：①"王麻子"破产的根本原因是什么？②简述营销环境和营销活动的动态适应关系。③营销环境有哪些特征？

【案例2】

美的——帮出来的好汉

2000 年 11 月 8 日，对美的空调事业部总经理方洪波来说是一个好日子。这天，美的空调 2001 年工商恳谈会在广东顺德召开，来自全国各地以及日本、中国香港等地的 300 多名供应厂商聚在一起，共同探讨在新经济条件下，谋求下一步战略合作和长远发展的问题。据有关数据显示，2000 年销售年度，美的空调销售 165 万套，实现销售收入 60 亿元，同比增长 40%，占全国空调市场 13% 左右的市场份额。对此，总经理方洪波说，取得这样的成绩，除了严格按照市场策略行事外，美的还有四大优势：一是规模和品牌优势；二是技术优势；三是美的集团多元化发展的辐射力；四是渠道优势。美的目前的渠道建设有两方面，一是和上游供应商签署略伙伴关系；二是和销售商之间的合作关系。目前，美的已与很多供应商签署了战略伙伴关系合作协议。

美的空调自 1996 年开始创建性地提出与供应商建立永久性的战略合作伙伴关系以来，三年多的生产实践证明，与供应商之间的良好协作关系是企业优化资源配置，强化成本和品质管理工作的基础，是全面参与市场竞争和提高核心竞争力的必然选择。

在企业发展规划中，他们明确提出：制造系统的工作要密切围绕品质和成本两大主题，以战略性合作伙伴关系为纽带，积极探索制造模式的创新和生产组织体系的发展，最大限度地发挥资源配置和规模效应。2000 年，美的集团的空调销售量达到 165 万套的好成绩，与上游供应商的支持是密不可分的。同年，很多企业在旺季都因供应链不顺畅而导致产品断货，但美的空调却从未遭遇过。同样，针对下游的经销商来说，美的又成了他们的供应商，所以，与下游经销商也建立了战略伙伴关系。美的与上游供应商和下游经销商之间的战略伙伴关系是"同心、同步、同超越"的。

思考问题：①企业为什么要与供应商搞好关系？②企业与供应商之间存在哪些关系？③在共生关系下企业可以采取哪些方式与供应商合作？④企业进行市场营销活动应该研究哪些微观环境？

【案例3】

耐克公司的营销环境

耐克公司是一家总部设在美国的全球最著名的运动鞋生产商。该公司主要生产和销售男式、女士、儿童用运动鞋，此外还销售一些运动鞋附属品、体育器械、体育服装等。

20 世纪 90 年代前后，美国经济开始出现良好的增长势头，为包括运动鞋在内的几乎每个行业带来了巨大的商机。美国市场对运动鞋、运动服的需求出现了新的增长。不过，此时的国际运动鞋市场却正受到严峻的挑战。在亚洲和环太平洋地区、拉丁美洲、俄罗斯等地先后出现了恶性通货膨胀，大量工人失业，甚至导致政治危机，许多国家的运动鞋市场出现萎缩。此外，一些发展中国家的运动鞋市场尚未全部开放，一些国家对进入本国的外国公司运动鞋产品实行配额制度。

与此同时，北美自由贸易协定和 WTO 为经济全球化提供了更好的入口，同时也为跨国鞋业公司进入更多的国家奠定了基础。北美自由贸易协定使加拿大和墨西哥进口鞋类产品的关税降低。欧盟自 2002 年 1 月 1 日实行单一货币的举措一方面增强了欧洲国家控制进口的能力，同时也为商家提供了统一的欧洲市场。此外，欧盟对来自中国和印度尼西亚的运动鞋产品征收反倾销税，以此阻止更多的运动鞋流入其市场。2001 年 2 月 13 日，中国正式加入 WTO。由于中国是组装产品生产和出口大国，因此，这一重要的经济事件必然对全球鞋类市场产生一定的影响。当然，耐克公司在中国有自己的生产基地。

从消费者来看，从 20 世纪 70 年代晚些时候开始，消费者就开始关注运动鞋的品牌了。现在，不仅发达国家的消费者偏爱品牌产品，大批新兴发展中国家的消费者同样对品牌运动鞋产生了浓厚的兴趣。只要价格不是离奇的高，消费者都愿意选择购买一定数量的名牌运动鞋。

不过也有一些新的担忧出现。行业分析人士指出，在未来几年中，青年人运动鞋市场可能会出现萎缩，原因是很多人对于专门从事体育锻炼的运动鞋的兴趣在逐渐下降，而把兴趣转到了休闲鞋和工作鞋上。虽然越来越多的人开始关注健康，但人们增进健康的途径已与以往有所不同。过去人们通过跑步和体育活动锻炼身体，现在更多的人则通过节食、使用健身器械锻炼，喜欢在旅游、娱乐过程中锻炼，而不是进行单纯的体育活动。

20 世纪 90 年代中期以来，购买运动鞋的女性比男性多起来。此外，现在参加体育活动的女孩子多了。越来越多的女孩子加入到篮球、足球、排球等体育运动之中，这将成为运动鞋市场新的增长点。

在这一行业，主要的商家是耐克公司和锐步公司，它们分别占有全球 37% 和 20% 的市场份额。行业中其余的 20 多个竞争者包括阿迪达斯－萨罗门、新巴伦斯，凯斯维斯，菲勒、阿斯克斯、吉尔、科茈、卡沃斯和英国的科耐特等。向耐克公司提出严峻挑战的是锐步公司。锐步公司在全球设计、开发运动鞋和运动服装。该公司销售 450 种颜色组合的 175 款运动鞋，用于有氧运动、骑车兜风、排球、乒乓球、健身、跑步、篮球、英式橄榄球，此外还有儿童用品。20 世纪 80 年代早期，锐步公司主要向女士销售运动鞋。但到 80 年代中期，很多男性开始购买锐步鞋，现在几乎占到锐步公司销售额的一半。该公司的鞋类产品的设计表达了时髦的概念，并以此形象来进行销售推广。锐步公司的首席执行官保罗·菲尔曼相信，"锐步的使命是表达自由。" 1987 年，锐步公司的收入超过了耐克公司，从而成为行业领先者，但 1990 年耐克公司又从锐步公司手中夺回了领先的地位。这一次，耐克公司特别强调了进入男性集体遇到市场，并实施了以体育明星推动运动鞋市场开拓的战略。包括乔丹等在内的一大批世界级体育明星成为耐克公司的形象代言人，取得了明显的效果。

目前，欧洲市场的竞争正在升级。德国公司阿迪达斯－萨罗门在欧洲运动鞋市场上销量第一，在全球排名第二。分析家认为，做好欧洲市场对于运动鞋公司保持成功非常重要。无论是耐克公司，还是锐步公司，都想继续增加它们在欧洲市场的份额。欧洲一流的竞争者阿迪达斯公司也会努力奋斗，以保住它在全球竞争激烈的运动鞋市场上12%的份额。阿迪达斯公司生产的产品种类和耐克公司有着很大的相似之处，而且，阿迪达斯公司同样有借助体育明星开拓市场的传统。

作为一家国际运动鞋供应商，耐克公司已经明显地感受到了来自外部环境的压力。如何面对这些压力，将成为耐克公司营销部门必须予以考虑的问题。

思考问题：①试从政治、经济、社会文化、人口、技术等角度分析耐克公司目前面临的宏观环境。②你认为在现有的环境因素中，对于耐克公司来说，哪些是有利因素，哪些是不利因素，哪些是有待进一步观察的因素？

情境二　应用SWOT分析法分析物流市场营销环境

【学　时】4

【学习目标】体会SWOT分析法分析物流市场营销环境的具体步骤和分析过程，能够运用SWOT分析法分析营销环境，有效进行营销决策

【重点难点】SWOT分析法分析营销环境，利用营销信息环境进行营销决策

【学习过程】

1. 教师引入情境模拟资料，引导各小组思考讨论。

某酒厂对我国葡萄酒市场营销环境的调查

（1）自然环境：日照时间、降水量、昼夜温差等条件非常适宜酿酒葡萄生长。仅河北省酿酒葡萄种植面积已达26万亩，酿酒葡萄总产量达到20多万吨。

（2）消费市场：中国人口多，经济持续快速增长，居民可支配收入不断增加，生活水平迅速提高，购买力逐步增强。而且外国人员来华经商、旅游等活动日益频繁。

（3）文化环境：中国酒文化源远流长，酒已经成为中国人的一种文化沉淀，成为各种社交场合必不可少的消费品。从文化层面上来讲，中国人对酒足饭饱的需求非常强烈且根深蒂固。近年来，随着大家对白酒危害性认识的加深，同时对葡萄酒特别是干红葡萄酒宣传力度的加大，人们对干红的需求日益增加，喝干红已经成为保护身体、提高品位的一种时尚。

（4）政策环境：葡萄酒系酒精度较低的发酵酒种，品格高雅，种植葡萄可以开发

利用山坡地、沙砾地等不宜种植粮食的土地资源。

（5）生产工艺：我国葡萄酒行业还处于起步阶段，葡萄酒的技术工艺、产品质量、档次、品种等与国际水平有一定的差距。

（6）葡萄酒市场：中国葡萄酒市场虽然存在巨大潜力，但是远没有达到快速成长的时期，市场的发育和成熟需要一定时间。

（7）竞争环境：加入WTO后，技术雄厚、品牌强势的国外企业冲破中国高关税和相关保护政策的壁垒，以低价位进入中国，从而使国内葡萄酒市场竞争更趋激烈。

思考问题：该酒厂所面临的内部优势和劣势以及外部环境机会和威胁有哪些？如果你是企业的决策者，你会如何进行营销决策？

2. 小组代表对本组观点进行陈述，教师进行归纳总结。

_____

_____

3. 教师利用图表讲解SWOT分析法（如图2-1所示）。

SWOT分析法是指将企业内部的优势和劣势与外部环境机会和威胁等进行综合分析，并结合企业的经营目标对备选方案做出系统评价，最终确定正确的经营战略。

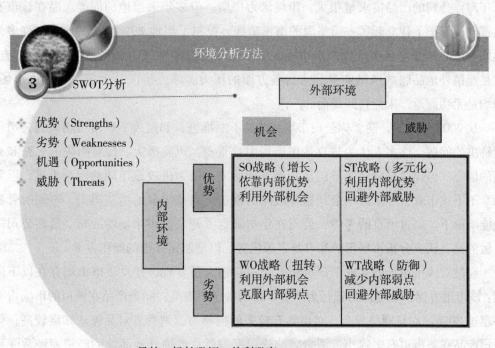

图 2 -1　环境分析方法

4. 小组讨论：

（1）什么是 SWOT 分析法？

_____

（2）采用 SWOT 分析法对葡萄酒市场营销环境进行分析。

_____

（3）以 SWOT 分析法的结论为依据，谈一谈该酒厂可能采取的营销策略。

_____

5. 教师设置情境资料，布置小组任务，小组讨论分析并开展活动。

【情境资料 1】

中国自改革开放以来，经济持续高速发展达 30 年之久，受到全世界的瞩目。这 30 年中，中国经济增长成为世界第三大经济体。中国现已成为第一大贸易国和外国直接投资目的地。现在你公司将要进军某市，该市是某省经济发展较快的一个地级市。你公司通过分析大量的调查资料，认为无论从宏观环境还是从微观环境，此时都是进军该市的最佳时机。

【情境资料 2】

调查结果显示，某市是某省经济发展较快的一个地级市，拥有人口 230 万。该市每年对你公司的产品需求量很大，市场潜力广阔。但多年来当地的同类产品在该市有关部门的保护下建立起了一道坚固的市场防线，控制了当地 80% 以上的市场。许多外地同类产品品牌曾多次进攻该市市场，但不是产品以种种理由被当地职能部门检查，就是经销外地品牌的经销商受到来自各方面的压力。你公司产品也多次进入该市场，但均是无功而返，未能打开局面。

从 2003 年开始，随着你公司市场战略的不断推进，如何攻下该市市场成为公司亟须解决的问题。许多人认为进攻该市市场困难重重，风险极大，没有明确的思路和充足的信心。但经过总公司领导的认真调查和研究，认为进攻该市固然困难重重，但如果拿不下该市就会严重影响公司整体战略的推进，只要采取的措施得力，再硬的骨头也能啃得下。经过慎重的考虑，公司在年初确定了开发该市市场的战略。现在公司需要做的是，认真分析市场形势和自身资源优势，以便制定详细的操作方案。

经过对该市市场的多次调研分析，公司营销人员发现，开发该市市场存在以下困难：该市地方保护和地区封锁行为严重，市场秩序不规范；同类产品在该市的市场占有率超过 80%，而且网络健全，对市场有较强的控制力，消费者对品牌认知度较高；你公司产品在该市占有率较小，消费者的认识度偏低；经销外地品牌的经销商经常受到各方面的压力，不敢或不愿经营外地产品。但经过分析，还看到自己存在许多方面的优势：你公司产品是年产量最高的某省第一品牌，在全省具有较高的品牌知名度，该市消费者虽然很少消费你公司产品，但对你公司产品这个品牌并不陌生。当地产品只是一个年产量不是很大的地方品牌，品牌形象和影响力都远不如你公司的产品。当地产品质量与你公司产品质量存在一定的差距，有比较才有差别，消费者通过亲自感受，会逐渐接受你公司产品的。

你公司有一支素质较高的营销队伍，他们不但能吃苦，而且具有较先进的营销理念和丰富的实践经验。而且你公司有着强大的营销网络和较宽的销售渠道。

多年来当地产品的公司实行价格垄断，产品的零售价格普遍比其他地市贵一些，而且由于该市经济条件较好，消费者也能够接受这一价格。对该市消费者来说，决定消费行为的最敏感因素不是价格而是质量，你公司在这方面又具有明显的质量优势。

任务布置：

（1）从中国所有的省市城市中选出你公司要进军的城市。

（2）利用互联网搜集这几座城市的政治、经济、文化、技术等方面的信息。

（3）分析比对这几座城市的宏观环境。

（4）分析比对这几座城市的微观环境。

（5）利用环境机会威胁矩阵图分析本公司的营销环境。

（6）分析本公司的优势和劣势。

（7）各组组长组织小组成员对情境资料进行分析、讨论、整理、汇总。

（8）对你公司产品挺进该市市场进行 SWOT 分析，用图形进行演示和演讲。

项目考核 ◆▶

【2 学时】

每个小组提交一份市场分析报告。分析报告要做到：主题明确；结构合理；突出重点；能熟练应用 SWOT 分析方法解决实际问题；提出明确的营销战略。

_____

_____

_____

_____

_____

_____

_____

实训任务总结 ◆▶

_____

_____

_____

_____

_____

_____

_____

_____

_____

_____

_____

_____

_____

☞ **考核标准**

【情境一活动评价】

表 2 - 1　　　　　　　"认识物流市场营销环境"评分表

考评内容	能力评价			
	具体内容	分值	学生评分 (0.4)	教师评分 (0.6)
考评标准	营销环境概念	25		
	营销环境分析	30		
	小组活动完成情况	30		
	团队合作	15		
合　　计		100		

注：考评满分为100分，60～74分为及格；75～84分为良好；85分以上为优秀

各组成绩

小组	分数	小组	分数	小组	分数

教师记录、点评：

【情境二活动评价】

表2－2　　　"应用SWOT分析法分析物流市场营销环境"评分表

考评内容	能力评价			
	具体内容	分值	学生评分(0.4)	教师评分(0.6)
考评标准	SWOT分析法内容	20		
	SWOT分析法具体步骤	20		
	案例分析	20		
	市场分析报告	40		
合　计		100		

注：考评满分为100分，60～74分为及格；75～84分为良好；85分以上为优秀

各组成绩

小组	分数	小组	分数	小组	分数

教师记录、点评：

☞ 熟能生巧

请同学们分析下面的案例材料并完成问题。

中储物流经过多年的发展，已拥有自己独有的客户群，并开始实施从传统储运企业向现代物流企业转变的发展战略。该企业经过市场调研获得如下环境因素信息：

1. 中储仓储面积居全国同类企业之首，规划收益明显。

2. 中储经营网络占有优势，所属 64 个仓库分布在全国各大经济圈中心和港口。

3. 中储技术手段落后，信息网络不健全。

4. 中储客户群大，拥有比较固定的客户网。

5. 中储物流设施设备陈旧，营运车辆少。

6. 中储机械化作业程度高，库房、货场都有龙门吊和行车覆盖。

7. 中储服务意识差，人员素质低。

8. 中储拥有便利的铁路专用线，全国各物流中心共有铁路专用线 129 条，总长达144 千米。

9. 中储服务功能单一，多提供仓储等单一物流服务。

10. 社会上大的企业集团，诸如中远、中海等积极开展现代物流业务。

11. 社会上现代物流理念盛行，要求加快向现代物流企业转变。

12. 各类企业对个性化服务比较重视，要求提高服务档次。

13. 国外大型物流企业涌入国内，加剧了本已严峻的市场竞争。

请大家通过 SWOT 分析找出该企业的优势、劣势、潜在机会及威胁，确定该企业的业务类型，为该企业制定营销战略提供依据。

实训课任务二　认知物流市场调研

☞ 实训课程名称

认知物流市场调研

☞ 实训课程学时

理论 2 学时，实训 4 学时

☞ 实训学习目标

知识目标 ✦➤

1. 了解物流市场调研的含义、内容、作用。
2. 了解物流市场调研的种类、方法和流程。

能力目标 ✦➤

1. 体会物流市场调研相关知识。
2. 领悟物流市场调研内容。

☞ 实训学习方法

自学（收集资料法、比较学习法、小组讨论法）、听讲学习（提问、总结、作业）、实操（情境再现法、头脑风暴法、案例分析法）

☞ 实训课程程序

实训课程介绍 ✦➤

本次实训课任务旨在让学生通过分析和讨论，了解物流市场调研的含义、内容、作用，体会物流市场调研的种类、方法和流程，能够利用相关知识分析和解决物流市场调研中的实际问题。

本次实训课任务的主要情境为认知物流市场调研。

实训任务说明 ◆➤

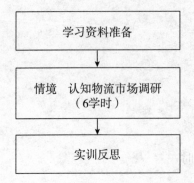

实训知识铺垫 ◆➤

一、物流市场调研的定义

物流市场调研是指物流企业为了提高营销决策质量以发现和解决营销中的机遇和问题，系统、客观地识别、收集、分析和传播信息的工作。物流市场是物流企业营销的基础，更是物流企业获得利润的根本保证。因此，系统地掌握物流市场调查体系及其过程至关重要。

二、物流市场调研概述

1. 物流市场调查的目的

物流市场调研的主要目的是更好地进行物流营销决策服务。具体包括：了解市场需求；识别发展机会；找出与主要竞争对手的差距；衡量顾客的满意度等。调查目的也可以进一步归纳为：

（1）探索性调查目的。收集初步资料来帮助决策者认识和理解所面临的问题，主要是通过发现问题或者寻找市场机会，为进一步的调查活动做准备。

（2）描述性调查目的。收集和记录各种资料数据来描述和反映物流市场的客观情况，如产品的消费群结构、客户的满意度、竞争对手的状况等。

（3）因果性调查目的。检验某种假设或某一问题现象的因果关系，如物流企业产品或服务的价格水平上涨 10% 是否会对消费者的购买需求有明显的影响。

2. 物流市场调研的内容

（1）物流市场需求调查。物流市场需求是指社会能够通过市场交换而消费的物流服务的数量。主要包括市场容量调查、物流需求特点调查、市场需求变化趋势调查等。

（2）物流市场供给调查。与物流市场需求相对应，物流市场供给是指在一定时期内社会能够向市场提供有效物流服务的能力或者资源，即在一定价格水平下企业愿意提供的各种物流服务的数量。主要包括市场供给总量调查、市场供给结构调查等。

（3）物流市场环境调查。物流市场环境是物流企业生存和发展的基础。主要包括对政治和法律环境、经济和技术环境、人口和自然环境、社会和文化环境的调查。

（4）物流市场营销状况调查。这是围绕物流营销活动而展开的市场调查。主要包括物流产品调查、销售渠道调查、促销调查、销售服务调查、竞争对手调查等。

3. 物流市场调研的作用

（1）发现问题，更好地满足消费者需求。

（2）有利于物流企业明确目标市场和发展方向。

（3）有利于物流企业增强竞争力，提高经济效益。

（4）有利于物流企业制定市场营销组合策略。

（5）有利于物流企业提高经营管理水平。

4. 物流市场调研的步骤（如图 2 - 2 所示）

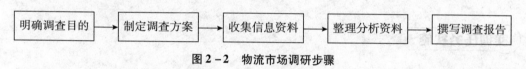

图 2 - 2　物流市场调研步骤

三、物流市场调研的方法

物流市场调查方法的选择直接影响到调查结果的质量，因此合理选用调查方法至关重要。按照收集信息资料的来源划分，物流市场调查方法分为实地调查法和文案调查法两大类。

（一）实地调查法

实地调查法是指收集第一手资料并利用第一手资料开展调查的方法，主要包括访问法、观察法和实验法。

1. 访问法

访问法是指通过向受访者询问其业务知识、态度、物流偏好和购买行为来收集第一手资料的基础方法，经常用于了解受访者的基本情况、态度和观点。根据调查人员与被调查人员的接触方式不同，可分为小组座谈法、深层访谈法、投影技法、面访调查法、电话调查法、邮寄调查法和网上调查法等。

2. 观察法

3. 实验法

（二）文案调查法

文案调查法是指通过收集各种相关物流二手资料，从中提取与物流企业营销活动相关的信息，并对其进行统计分析的一种调查方法，又称为间接调查法、资料分析法、资料查阅寻找法等。文案调查法的信息来源主要有以下两个方面。

1. 企业内部

（1）企业在生产经营活动，如营销、生产、设计、技术、财务、设备、后勤、公共关系等方面的资料。

（2）企业关于物流市场营销环境，如顾客、竞争、配送渠道、物流市场容量、宏观环境等方面的资料。

2. 企业外部

（1）政府资料。

（2）工商研究机构的信息。

（3）物流行业内部信息，如行业文献、年度报告等。

（4）国内外有关报纸杂志、电视等大众传媒媒介。

（5）互联网与市场信息网络提供的信息。

实训任务实施

情境　认知物流市场调研

【学　　时】6

【学习目标】体会物流市场调研相关内容

【重点难点】市场调研方法

【学习过程】

1. 布置学生查询资料（预习、自学阶段）：

（1）什么是物流市场调研？

（2）物流市场调研的内容有哪些？

（3）为什么要进行市场调研？

（4）市场调研的方法有哪些？

（5）如何进行市场调研？

2. 案例分析

【案例1】

【观念应用1】有些市场调查人员发现，当他们向被调查者询问洗发液的问题时，得到的回答肯定是：洗发液最重要的是能够把头发洗干净。但当调查人员把货样拿给对方看时，却总有很多人先闻一闻洗发液的味道。在美国，肥皂制造商长期以来搞不清粉红色香皂是否受欢迎，因为每当把不同颜色的香皂摆在人们面前时，他们总是指着粉红色的那块，但是在商店里粉红色的香皂却不是很畅销。

【观念应用2】"没有调查就没有发言权""知己知彼，百战不殆"。对于一个真正意义上的企业来讲，要占领市场并获得预期效果，必须依赖于行之有效的经营决策，而这又要以科学的市场预测为前提条件。那么要对市场的未来发展进行科学的预测，则必须及时掌握市场信息、搞好市场调查。因而，从一定意义上讲，市场调查是市场预测、经营决策过程中必不可少的一个环节，是制定企业经营决策的重要前提。

思考问题：

（1）观念应用1中的情况说明了什么问题？

（2）如何理解"没有调查就没有发言权""知己知彼，百战不殆"？

【案例2】

美国麦当劳的市场调研

美国麦当劳公司从一家名不见经传的快餐店，已发展成为国内有5000多家分公司，在全世界40多个国家和地区有4000多家分店的国际快餐经营集团。其在营销过程中的一个重要宗旨就是：用市场研究的成功确保市场营销的成功。

麦当劳在北京的第一家分店于1992年4月23日开业。但早在8年前（1984年年底），美国麦当劳总部就派出专家，对中国的河北、山西等地的上百种马铃薯进行考察，对其成分逐一进行分析和测定，最后确定麦当劳的专用马铃薯。

海尔进军美国市场

美国的洗衣机市场在许多人眼中早就处于饱和状态，而中国青岛海尔集团要在世界经济中心美国打开洗衣机市场被很多人认为是"鸡蛋碰石头"。但海尔对自身实力进行了准确的评估，对美国的洗衣机市场进行了详细的调查研究和市场细分，了解到美国的小容量型洗衣机存在着缝隙，于是海尔集团以自己优良的质量、大方的外观和准确的决策，在"最无人情的竞争地"美国占得了一席之地。

思考问题：

（1）麦当劳进军中国市场时和海尔进军美国市场时都为什么要进行市场调研？

（2）市场调研的内容和作用有哪些？

3. 分组学习，各小组认真学习市场调研的理论知识，讨论并分析。

4. 安排每个小组抽签讲解相关理论，并进行案例分析。

5. 教师点评学生的讲解情况，并汇总讲解市场调研理论知识。

项目考核

一、选择题

1. 市场调查中使用的最为广泛的方法是（　　　　）。

A. 预测性调查　　　B. 描述性调查　　　C. 选择性调查　　　D. 因果性调查

2. 可以从消费者身上得到并且借以预测他们行为的信息不包括（　　　　）。

A. 消费者的言谈　　B. 消费者的态度　　C. 消费者的特点　　D. 消费者过去的行为

3. 不属于观察调查法的优点的陈述是（　　　　）。

A. 直观可靠　　　　　　　　　　B. 不依赖语言交流

C. 简便、易行、灵活性强　　　　D. 支出费用少

4. 不属于非随机抽样技术的点的陈述是（　　　　）。

A. 可以按照一定的主观标准抽选样本　　B. 可以缩小抽样范围

C. 可以选择典型样本　　　　　　　　　D. 抽样误差可以计算

5. 数据资料的来源有（　　　　）。

A. 政府机关或者统计部门的统计数据　　B. 书报杂志

C. 以往的行业报告　　　　　　　　　　D. 互联网

6. 在电话访问中，导致访问时间延误的主要原因有（　　　　）。

A. 访问员数量不足

B. 实际需要进行的电话回访数目多于计划数目

C. 访问员作弊

D. 问卷过长或复杂问题过多

7. 不属于市场调查的原则是（　　　　）。

A. 客观性　　　　　B. 系统性　　　　　C. 随机性　　　　　D. 经济性

8. 文案调查法的适用范围有（　　　　）。

A. 常规性的行业报告

B. 帮助确定新产品的目标用户群

C. 针对高端用户的奢侈品消费市场调查

D. 在做大型的实地调查之前的辅助调查

9. 深度访谈使用频率不高的原因有（　　　）。

A. 需要准备的时间太长　　　　　B. 深度访谈对主持人的要求很高

C. 成本比小组讨论会要高　　　　D. 所得到的样本量也比较小

二、简答题

1. 如何理解市场调查的概念？

_____

_____

2. 一般市场调查的基本步骤有哪些？

_____

_____

_____

3. 请列举常用的网上调查法，并说明各自优缺点。

_____

_____

_____

_____

_____

实训任务总结 ◆▶

_____

_____

_____

_____

_____

_____

_____

_____

_____

_____

☞ 考核标准

【情境活动评价】

表2-3 "认知物流市场调研"评分表

考评内容	能力评价			
	具体内容	分值	学生评分 (0.4)	教师评分 (0.6)
考评标准	讲述内容翔实，能有自己的观点	30		
	语言组织准确、精炼	30		
	团队合作	20		
	有拓展能力	20		
合　计		100		

注：考评满分为100分，60～74分为及格；75～84分为良好；85分以上为优秀

各组成绩					
小组	分数	小组	分数	小组	分数

教师记录、点评：

☞ 熟能生巧

　　根据调查，肯德基（英国）当前正在供应一种称为"经济套餐"的膳食，它包括8个鸡块和4份常规薯条，其售价为12美元。而准备推行的"家庭宴会"包括8个鸡块、4份常规的薯条、两份大量的定食，如豆子和沙拉以及一个适合4人食量的苹果派。调查过程中，对这两种膳食进行了比较。分析结果表明，如果"家庭宴会"的销价在10英镑以下（约16美元），则会更受人们的欢迎。人们认为"家庭宴会"的价格更为合理，食物更为充足，人们也更喜欢、更愿意购买"家庭宴会"套餐。在这些研究发现的基础上，肯德基（英国）推出了"家庭宴会"。品牌追踪研究解决的第二个问题，即"家庭宴会"的推出是否会使肯德基的品牌在英国的整体形象有所提高。对

于整体价值的追踪调研显示，在推出"家庭宴会"时，肯德基（英国）的整体价值信用度要比竞争者——麦当劳低 10 个百分点，但到追踪调研阶段结束时，两者的价值信用度已经相同了。

其他的追踪研究因素包括连锁餐馆的知名度、"家庭宴会"的知名度以及"家庭宴会"的销售情况。尽管麦当劳在英国的电视广告是肯德基的 4 倍，但"家庭宴会"的广告还是创造出了前所未有的品牌广告知名度。

人们更喜欢"家庭宴会"，因此其销量远高于"经济套餐"。而从财务角度看，尽管"家庭宴会"的总利润率比"经济套餐"低，但其总利润还是要高于后者。令肯德基员工感到惊讶的是，"家庭宴会"的销量上升了，但"经济套餐"的销量却仍然维持在原来的水平。造成这种情况的原因可从对"家庭宴会"消费者的调查结果中得出，即不同类型的消费者对这两种食物具有不同的喜好，一般人口多的家庭喜欢"家庭宴会"，而人口少的家庭仍喜欢购买"经济套餐"。

"家庭宴会"利用了肯德基原有的实力，因此从竞争地位的角度来看，"家庭宴会"能有效地与其他快餐店展开竞争。除了原有的青年男性购买者外，肯德基还将其消费者领域扩展到了家庭。相对于原有的汉堡和薯条等食品，母亲们更喜欢肯德基提供的这种有益健康并符合家庭风格的膳食，这使得"家庭宴会"最终成为了肯德基（英国）首要的销售项目。在不断重塑自己的良好形象并和其他的快餐店展开有力的竞争过程中，肯德基从营销调研上获得了很高的收益。

思考：

（1）肯德基（英国）定义的调研问题是什么？

（2）它是怎样实施调研的？

（3）它是怎样分析调查资料的？

（4）为什么英国人更喜欢"家庭宴会"？

实训课任务三 制定调研方案和调研问卷

☞ **实训课程名称**

制定调研方案和调研问卷

☞ **实训课程学时**

理论 4 学时，实训 8 学时

☞ **实训学习目标**

知识目标

1. 了解物流市场调研方案的基本内容。
2. 了解调查问卷的基本结构。
3. 了解调查问卷的设计原则。
4. 掌握调查问卷的设计技巧。

能力目标

1. 能够制定调研方案。
2. 能够设计科学合理的调查问卷。

☞ **实训学习方法**

自学（收集资料法、比较学习法、小组讨论法）、听讲学习（提问、总结、作业）、实操（情境再现法、头脑风暴法、案例分析法、思维导图法）

☞ **实训课程程序**

实训课程介绍

本次实训课任务旨在让学生通过学习和思考，了解和认识物流市场调研方案的基本内容；学生能够制定完整有效的调查方案；可以依据调查问卷的设计原则设计科学合理的调查问卷。

本次实训课任务设置的学习情境是制定调研方案和调查问卷。

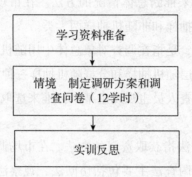

一、制定调查方案

经过初步情况分析，调查人员通过与企业内部相关人员进行座谈、向专业人士和有代表性的客户征求意见等方式，在参考他们的看法和评价的基础上制定调查方案。

一个完善的市场调查方案一般包括以下几个方面：

（1）调查目的。在调查方案中列出本次市场调查的具体目的和要求。

（2）调查对象。调查对象是指根据调查目的所确定的调查的总体，也就是向谁调查、由谁提供资料。

（3）调查内容。调查内容是收集资料的依据，是为实现调查目的服务的，可根据市场调查的目的确定具体的调查内容。

（4）调查方式。调查方式是指市场调查的组织形式，通常包括全面调查、重点调查、典型调查、抽样调查等。

1）全面调查。全面调查是指对调查对象总体中的每一个体逐一进行调查，其特点是获取的资料全面准确，但工作量较大，代价高。

2）重点调查。重点调查是指从调查对象总体中选取少数重点单位进行调查，并用重点单位的调查结果来反映市场的基本情况。这里的重点单位是指在所研究的内容方面数量比较大、占有较大比重的个体。重点调查主要适用于那些反映主要情况或基本趋势的调查。

3）典型调查。典型调查是根据调查目的和要求，在对调查对象进行初步分析的基础上，有意识地选取少数具有代表性的典型单位进行深入细致的调查研究，借以认识同类事物的本质及其规律。典型调查的目的是认识事物的本质和规律。

4）抽样调查。抽样调查是指从调查对象总体中抽取一部分对象作为样本进行观察，根据对样本的调查结果来推断总体情况的方法。在市场调查的实践中，抽样调查是主要形式，主要包括随机抽样和非随机抽样两大类。

随机抽样也称概率抽样，是指在调查对象总体中用随机抽取个体的方式获取样本，主要包括简单随机抽样、分层随机抽样和分群随机抽样三种方式。

非随机抽样是指市场调查人员主观设定某个标准来选取样本，主要包括任意抽样、判断抽样和配额抽样。

（5）调查方法。调查方法指获取资料的方法。在市场调查中，常用的方法有实地调查法和文案调查法。实地调查法主要包括访问法、观察法和实验法。这些方法我们已在前面的内容中进行了介绍。

（6）资料的整理分析。明确收集的信息资料应如何进行整理和分析。

（7）人员组织。确定调查人员的人数和条件，组织并培训调查人员，使其了解和掌握本次调查的目的、方案、方式方法及调查技巧等。

（8）调查时间和地点。明确调查在什么时间进行，需要多长时间完成，调查地点在哪里。

（9）费用预算。企业应核定市场调查过程中产生的各项费用支出，合理确定市场调查总的费用预算，并严格按照预算开展调查活动。

二、物流市场调查问卷的设计

物流市场调查的形式和方法有很多种。根据不同的市场环境和企业本身特点，在操作过程中往往会有所变化，但调查中大都会使用一个重要的工具——调查问卷。

调查问卷也叫调查表，它是一种以书面形式了解被调查对象的反应和看法，并以此获得资料和信息的载体。通过问卷收集信息资料是国际上通行的调查方式，也是我国近几年来推行最快、应用最广的调查方式。一份高质量的调查问卷会直接影响到最终信息的获得。因此，调查问卷的设计至关重要，是决定市场调查成功与否的关键要素。

1. 物流市场调查问卷的基本结构

（1）开头：主要包括问卷标题、问卷说明、填写要求和问卷编号。

1）问卷标题。问卷标题是对本次调查主题的概括说明，使被调查者对所要回答的问题有一个大致的了解，标题要简明扼要，最好能够马上吸引被调查者的兴趣，如

"××物流公司调查问卷"。

2）问卷说明。问卷说明旨在向被调查者简单解释本次调查活动的目的和意义，以引起被调查者的兴趣，获得他们的支持与合作。主要包括问候语、调查目的、调查者身份、保密原则以及奖励措施等，以此来消除被调查者的疑虑，激发他们的参与热情。

3）填写要求。填写要求主要用于规范和帮助受访者对问卷的回答，可以集中于问卷前面，也可以分散于问卷中。

（2）正文：一般包括资料收集和被调查者的基本情况两部分。

1）收集资料部分主要由所提问题和备选答案组成，是问卷的主体，也是使用问卷的目的所在。这部分内容是问卷设计的重点。

2）被调查者的基本情况，如个人的年龄、性别、文化程度、职业、职务、收入等，家庭的类型、人口数、经济情况等，单位的性质、规模、行业、所在地等，也是问卷正文的重要内容之一。被调查者往往对这部分问题比较敏感，但对这些问题的了解有利于对被调查者进行分类，与研究目的密切相关，必不可少。具体选取哪些内容，要依据调查者前期的分析设计而定。

（3）结尾：问卷的结尾可以用简短的文字对被调查者的合作再次表示衷心的感谢，也可以设置开放问题，如征询被调查者对问卷设计和问卷调查本身的看法和感受以及其他补充说明。

2. 物流市场调查问卷设计原则

（1）目的性原则。根据调查主题，从实际出发，问题目的明确，重点突出。

（2）可接受原则。问卷的设计要让被调查者比较容易接受，能使其自愿并如实回答。

（3）顺序性原则。问卷设计要有条理，问题的排列应有一定的逻辑顺序，符合应答者的思维程序。一般是先易后难、先简后繁、先具体后抽象。

（4）简明性原则。调查内容要简明、通俗易懂，力求以最少的项目设计获取必要的、完整的信息资料。

（5）匹配性原则。匹配性原则是指要使被调查者的回答便于进行校验、整理和统计分析。

3. 物流市场调查问卷设计步骤

（1）明确需要的信息及其分析方法。

（2）选择恰当的资料收集方式。

（3）选择合适的问题类型。

（4）确定每个问题的所用词句。

（5）安排问题的先后顺序。

（6）问卷的版面布局。

（7）进行试调查并修改完善调查问卷。

（8）形成正式问卷。

4. 物流市场调查问卷设计技巧

（1）问题设计技巧

1）问题明确。问卷设计者在设计问题时，可以采用5W1H的提问方式来准确定义问题。5W1H即Who（何人）、Where（何地）、When（何时）、What（做什么）、Why（为何做）、How（如何做）。例如，"贵公司是否打算今年将企业的所有物流业务都交给第三方物流，以此来提高企业的经营效率？"要比"贵公司是否打算把业务交给第三方物流？"明确得多。当然，这并不是要求所有问题都必须具有这些提问要点，但一定要保证问题的明确性这一重要原则。

2）类型合适。开放式问题和封闭式问题有各自不同的提问方式。开放式问题的提问方式主要包括：

①自由回答法。

例如：请你说出什么样的物流企业是值得信赖的？

②填空法。

例如：假如中外运欧洲航线降价，贵公司会_____。

③字词联想法。

例如：请说出当你看到"蓝色"时，你会想到什么？

A. 物流企业　　　B. 海洋　　　C. 高空　　　D. 高科技

开放式问题收集的资料较多，但是不易整理，主要用于深度访谈和直接访问，在问卷中不宜多用。

封闭式问题的提问方式主要包括：

①是否法。调查人员对一个问题提出两个答案，"是"或"否"。这种方法可以使被调查人员迅速做出判断，但是无法表达被调查者意见的程度差别。

例如：贵公司是否想从物流公共信息平台上获取物流业务信息？

A. 是　　　B. 否

②多项选择法。对于一个问题列举几个答案，让被调查者在限定的答案中选择。

例如：贵公司使用过的物流企业有：

A. 中远　　　B. UPS　　　C. 宝供　　　D. TNT　　　E. 其他

③顺位法。在提出问题时，让被调查者按要求依次回答。

例如：贵公司在寻求仓储设施时，最关注的两个因素是：

A. 保管质量好　　　B. 价格低　　　C. 服务态度好　　　D. 服务项目多

3）表达规范。问题使用的措辞与语言十分重要，要求规范、简洁、易懂且不易误解。应该避免使用过于模糊和笼统的词汇，必须具体化；避免使用过于专业化的词汇，应该通俗易懂；要防止诱导性、暗示性的问题，以免影响答卷者的思考；问及敏感性的问题时要讲究技巧。

4）顺序合理。安排问题顺序的总体原则有：按照问题的难易程度，先易后难；先封闭式问题，后开放式问题；先总体性问题，后特定性问题。

（2）答案设计技巧

1）答案要穷尽。即要尽可能将问题的所有答案列出，这样才能使每个被调查者都有答案可选，不至于因被调查者找不到合适的答案而放弃回答。

2）答案须互斥。从逻辑上讲，互斥是指两个概念之间不能出现交叉和包容的现象。在设计答案时，一项问题所列出的不同答案必须互不相容，互不重叠，否则被调查者可能会做出有重复内容的双重选择，对资料的整理分析十分不利，进而影响调查效果。

实训任务实施

情境　制定调研方案和调查问卷

【学　　时】12

【学习目标】制定调研方案和调查问卷

【重点难点】调研问卷的设计技巧

【学习过程】

导入案例，引导学生分析调研方案。

【案例导入】美乐电冰箱市场调查方案

一、调查目的：为了更好地扩大美乐电冰箱的销路，提高市场占有率，扩大声誉，特做此次调查。

二、调查地点：北京、上海、天津、南京、广州、武汉、青岛、合肥。

三、调查对象：以各地消费者、经销商为主。

四、调查人数：每地选消费者1000人（户）、经销商100家。

五、调查时间：201×年×月×日—×日。

六、调查内容：

1. 当地主要经济指标。如人口数量、国民生产总值、人均收入、居民储蓄情况和消费支出情况等。

2. 当地电冰箱销售的基本情况。如每百户家庭的电冰箱拥有量、市场潜量、相对市场占有率等。

3. 当地消费者的基本情况。消费者的家庭状况，消费者的职业、教育程度、收入水平等。

4. 当地消费者对电冰箱的基本态度。如购买电冰箱的主要目的、有何要求和爱好等。

5. 当地消费者对美乐产品的态度。如是否愿意购买美乐电冰箱，对该产品的名称、标志、质量、价格、广告等方面有何看法。

6. 当地经销商的经销情况和经销态度。如当地经销商销售电冰箱的数量、当地经销商的规模与类型、哪些经销商对经销美乐产品持积极态度等。

7. 当地市场主要竞争产品的基本情况。如当地市场电冰箱销量较大的主要有哪些产品、这些产品的不足之处何在等。

8. 本产品与主要竞争产品的比较情况。如与主要竞争产品比较，本产品有何优势和不足等。

七、调查方式：以问卷式为主，配合采用查询式、摄影式等。

八、调查结果：写出书面调查报告。

思考问题：

1. 这份调查方案的格式正确吗？内容全面吗？

_____

_____

2. 调查方案的格式和内容有哪些？

_____

_____

3. 小组讨论调查方案的格式与基本内容，并对案例进行分析。

_____

_____

4. 教师讲解调研方案的制定，重点讲解调研问卷的设计。

5. 教师设置任务情境，布置学生活动。

【情境模拟】假设你是某企业（物流企业）集团市场调查部经理，为了更好地进行科学经营决策，你需要了解市场情况、产品情况、消费者情况、竞争者情况、行业情况等。你想带领你的员工到市场上进行实地调查，现请你拟订一份翔实的调查方案、一份切实可行的调查问卷。调查方案要求做到：调查目标和内容明确；调查方法、方式选择得当；操作流程和时间安排可行。调查问卷要求做到：主题明确；结构合理；通俗易懂；长度适宜；适于统计。

6. 学生活动。

（1）各小组确定为背景企业展开调查活动的目的。

（2）根据调查目的，确定所需资料。

（3）确定调查的内容、时间、地点、对象、人数。

（4）决定收集资料的方法。

（5）设计调查问卷。

（6）预估调查费用。

（7）以小组为单位展示调查方案和调查问卷并交流，教师点评。

（8）撰写活动报告，上交备案。

项目考核 ❖❖

调查方案

_____

_____

_____

_____

_____

_____

_____

_____

_____

_____

_____

_____

_____

_____

_____

_____

_____

_____

_____

_____

实训任务总结 ✦➤

_____

_____

_____

_____

_____

_____

_____

_____

_____

☞ **考核标准**

【情境活动评价】

表2-4　　　　　　　　　"制定调查方案和调查问卷"评分表

考评内容	能力评价			
考评标准	具体内容	分值	学生评分 （0.4）	教师评分 （0.6）
	案例分析	20		
	调查方案制定	30		
	调查问卷设计	20		
	团队合作	30		
合　　计		100		

注：考评满分为100分，60~74分为及格；75~84分为良好；85分以上为优秀

各组成绩					
小组	分数	小组	分数	小组	分数

教师记录、点评：

实训课任务四 实施物流市场调研

☞ 实训课程名称

实施物流市场调研

☞ 实训课程学时

实训 16 学时

☞ 实训学习目标

知识目标

1. 体会调研过程。
2. 学会沟通与人际交往。

能力目标

1. 锻炼学生的调研能力，提升未来履岗能力。
2. 提升交流与沟通能力。

☞ 实训学习方法

体验法

☞ 实训课程程序

实训课程介绍

本次实训课任务旨在让学生通过外出调研，深刻体会调研过程，锻炼学生的调研能力，提升未来履岗能力，提高学生的交流与沟通能力。

本次实训课任务设置的学习情境为实施物流市场调研。

实训任务说明

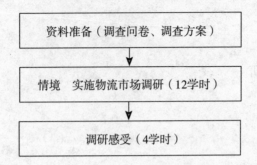

资料准备（调查问卷、调查方案）

↓

情境　实施物流市场调研（12学时）

↓

调研感受（4学时）

实训知识铺垫

各组学生已经制定好调查方案和调查问卷

实训任务实施

情境　实施物流市场调研

【学　　时】16

【学习目标】锻炼学生的市场调研能力，提高未来履岗能力

【重点难点】体会调研过程

【学习过程】

1. 教师印制调研表、调研问卷，准备好相机等设备。

2. 教师书写调研申请并报系里、教务处备案。

3. 教师讲解调研注意事项，并让学生在"安全保证书"上签字。

4. 教师与调研商场的经理沟通调研事宜。

5. 各组组长带领组员进行市场调研，努力完成调研问卷。

6. 教师记录学生调研过程（拍照）。

7. 各组组长带领组员完成对调研商场的调研任务（布局、支付方式、商品品种、品牌）。

8. 学生书写调研感受。

9. 各组代表展示调研感受。

项目考核 ✦▶

调研感受

_____

_____

_____

_____

_____

_____

_____

_____

_____

_____

_____

实训任务总结 ✦▶

_____

_____

_____

_____

_____

_____

_____

_____

_____

_____

_____

☞ **考核标准**

【情境活动评价】

表 2 - 5 　　　　　　　　"实施物流市场调研"评分表

考评内容	能力评价			
考评标准	具体内容	分值	学生评分 (0.4)	教师评分 (0.6)
	调研过程	20		
	团队合作	60		
	调研感受	20		
合　计		100		

注：考评满分为 100 分，60～74 分为及格；75～84 分为良好；85 分以上为优秀

各组成绩

小组	分数	小组	分数	小组	分数

教师记录、点评：

☞ **熟能生巧**

1. 自我检查。

我懂得了市场调研的定义、内容、作用、种类、方法、方式、流程（用自己的语言描述）。

_____

_____

_____

_____

_____

2. 我制定的调研方案、调研问卷是否有效实施？我有哪些收获和不足之处？

_____

_____

_____

_____

_____

_____

3. 小组检查（组长检查每个成员的任务完成情况）。

_____

_____

_____

_____

_____

_____

4. 教师点评。

_____

_____

_____

_____

_____

_____

_____

实训课任务五　撰写调研报告

☞ **实训课程名称**

撰写调研报告

☞ **实训课程学时**

理论 2 学时，实训 10 学时

☞ **实训学习目标**

 **知识目标**

掌握市场调研报告撰写的基本格式和方法。

能力目标

1. 能够挖掘、甄选与汇总市场资料和信息，掌握市场营销数据采集技能。
2. 锻炼学生市场调研能力和市场分析能力。
3. 提高学生的文案编写能力。

☞ **实训学习方法**

自学（收集资料法、比较学习法、小组讨论法）、听讲学习（提问、总结、作业）、实操（情境再现法、头脑风暴法、案例分析法）

☞ **实训课程程序**

实训课程介绍

本次实训课任务旨在让学生学习市场调研报告撰写的基本格式和方法。通过调研问卷分析，挖掘、甄选与汇总市场资料和信息，掌握市场营销数据采集技能，锻炼学生的市场调研能力和市场分析能力。

本次实训课任务设置的学习情境为撰写调研报告。

实训任务说明

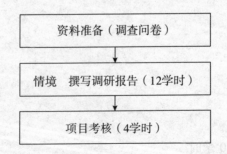

实训知识铺垫

一、整理分析资料

通过市场调查收集到的资料往往是凌乱的、分散的，甚至带有片面性或虚假性，这就需要对这些资料进行去粗取精、去伪存真、由表及里、由此及彼的加工整理和分析，来揭示调查对象的总体特征及变化发展过程等。具体步骤为：

（1）审核。审核就是对收集的资料进行检验和检查，验证各种资料的真实性和可靠性，检查资料和数据的完整性和可比性。

（2）分类。分类是指根据调查目的，将经过审核的资料按照不同的性质和特点进行分类，把性质相同的资料整理在一起，归类并编号。这样有利于提高市场调查的效率，保证资料分析的质量。

（3）列表分析。将已经分类的资料系统地制成各种统计图表，既能节约时间和篇幅，又能集中问题，反映相互关系，一目了然，更能够对资料进行有效的研究和分析。

二、撰写调查报告

物流市场调查报告是市场调查人员以书面形式反映市场调查内容及工作过程，并提供调查结论和建议的报告。它是物流市场调查过程中最重要的部分，也是市场调查的终点。物流市场调查报告的一般结构如下：

（1）前文。包括标题页和目录。

1）标题页。标题页包括报告的题目、调查对象、撰写者和提供的日期。报告的题目即标题必须准确揭示调查报告的主题思想。标题要求简单明了、高度概括、题文相符，如"××市物流市场调查报告""我国第三方物流调查报告"等。

2）目录。如果调查报告的内容和页数较多，调研报告应编写目录，以便读者阅读特定内容。目录应包含报告所有的章节和相应的起始页码。

（2）正文。包括引言、调查方式方法、结果、结论与建议。

1）引言。简要介绍调查目的、调查对象和调查内容，也就是解释开展调查的原因，说明调查的时间、地点、对象、范围、调查要点及所要解答的问题。

2）调查方式方法。简要介绍收集信息资料的方法，如采集的是原始资料还是现成资料，结果的取得是通过文案调查还是实地调查，样本是如何抽取的；使用了哪些分析资料的方法等。

3）结果。这是正文的主要部分，也是表现调查报告主题的重要部分。结果的写作直接决定调查报告的质量和作用。这一部分要求客观、全面地阐述市场调查所获得的材料、数据，用它们来说明有关问题，得出有关结论；对有些问题、现象要做深入分析、评论等。

4）结论与建议。这一部分是对正文主要内容的总结，并提出如何利用已经证明的有效措施和解决某一具体问题可供选择的方案和建议。

（3）附录。附录的内容一般是有关调查的统计图表、有关材料出处、参考文献等。

实训任务实施

情境　撰写调研报告

【学　　时】12

【学习目标】调研报告的写作格式

【重点难点】调研报告的写作

【学习过程】

1. 教师引领学生用图表来分析、汇总调研数据。

2. 小组根据数据分析协作完成汇总统计（要求运用数据分析法）。

3. 各组学生对调研数据进行讨论分析，总结提炼出具有一定价值的资料。

4. 教师讲解调研报告的写作格式和要求

5. 各组根据讨论结果列出调研报告提纲。

_____

_____

_____

_____

_____

_____

_____

_____

_____

6. 组长组织本组成员依据提纲编写市场调研报告。

7. 小组间进行调研感想等方面的交流。

_____

_____

_____

_____

_____

_____

8. 教师对此次调研活动的完成情况进行总评。

_____

_____

_____

_____

_____

_____

_____

项目考核 ✥▶

调研报告

_____

_____

_____

_____

_____

_____

_____

_____

_____

_____

_____

_____

实训任务总结 ✥▶

_____

_____

_____

_____

_____

_____

_____

_____

_____

_____

_____

_____

☞ **考核标准**

【情境活动评价】

表 2－6　　　　　　　　　　"撰写调研报告"评分表

考评内容	能力评价			
考评标准	具体内容	分值	学生评分 （0.4）	教师评分 （0.6）
	团队合作	20		
	资料汇总	20		
	撰写调查报告	60		
合　计		100		

注：考评满分为100分，60～74分为及格；75～84分为良好；85分以上为优秀

各组成绩

小组	分数	小组	分数	小组	分数

教师记录、点评：

☞ **熟能生巧**

1. 总结常用的市场调研方法（用自己的语言描述）。

_____

_____

_____

_____

_____

_____

_____

2. 如何书写调查报告？我有哪些收获和不足之处？

_____

_____

_____

_____

_____

3. 小组检查（组长检查每个成员的任务完成情况）。

_____

_____

_____

_____

_____

4. 教师点评。

_____

_____

_____

_____

_____

项目三　选择物流目标市场营销战略

物流企业竞争的核心是整合有效资源，降低物流成本，为客户提供高质量的服务。这就要求物流企业在综观物流营销环境和洞察物流市场的基础上，对市场进行细分，选择目标市场并确定市场定位。这是物流企业了解市场行情、分析竞争结构并成功进入市场的关键。本项目将紧紧围绕这三个问题展开。

实训课任务一　进行物流市场细分

☞ **实训课程名称**

进行物流市场细分

☞ **实训课程学时**

理论 2 学时，实训 4 学时

☞ **实训学习目标**

知识目标 ✦▶

1. 了解市场细分的基本概念、原理和依据。
2. 熟悉市场细分的条件、作用、市场细分的标准、细分程序。

能力目标 ✦▶

1. 通过案例分析与相关材料学习，培养学生把握物流市场细分及其标准、方法的能力。
2. 通过实训，让学生学会选择市场细分标准，按照市场细分程序对物流市场进行细分，为锁定目标市场奠定基础。

☞ **实训学习方法**

多媒体讲授法、项目教学法、行动导向教学法

☞ **实训课程程序**

实训课程介绍 ✦▶

本次实训课任务旨在让学生根据所学物流市场细分的理论知识，结合背景物流企业资料或实地调研资料，甄选出物流市场细分的标准，从而提升学生分析问题的能力，增强学生表述观点的能力。

本次实训课任务包含两个学习情境：选择物流市场细分标准、物流市场细分。

实训任务说明 ✦▶

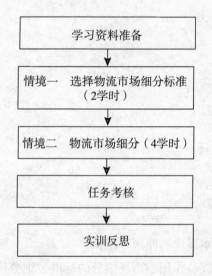

实训知识铺垫 ✦▶

一、市场细分概述

市场细分是指从市场上各类需求的差异性出发，用一定的标准划分出不同的消费群体，并依此把一个整体市场分割为若干个子市场的过程。

客观基础：消费需求的差异性。

划分依据：根据消费需求进行划分，而不是依据产品进行分类。

结果：作为市场细分成果的细分市场，同一细分市场的消费者的需要和欲望、购买行为和购买习惯等方面具有同一性，而不同细分市场之间的消费者在上述方面则具有明显的差异性。

标准：企业在进行市场细分时既可以采用一个标准，进行单一变量因素细分，也可采用多个变量因素组合或系列变量因素进行市场细分。

二、物流市场细分的作用

1. 有利于发现市场机会
2. 有利于掌握目标市场的特点
3. 有利于提高企业的竞争能力
4. 有利于更好地满足消费者的需求

三、市场细分变量

1. 消费者物流市场细分标准
2. 最终用户标准
3. 客户所属的行业性质
4. 地理区域
5. 物品属性
6. 客户规模
7. 合作时间长短
8. 服务方式
9. 利润回报高低
10. 外包动因

四、市场细分的条件

市场细分的条件有五点，即可衡量性、可区分性、可接近性、可营利性和稳定性。

五、市场细分的方法

1. 单一标准法：一个因素
2. 主导因素排列法：主因素加上其他因素
3. 综合标准法：多种因素
4. 系列因素法：各因素先后有序

5.5W1H 法

When（什么时间买）、Who（客户谁购买）、Where：（什么地点买）、Way（为什么买）、How（怎样买）、What（购买什么）。

六、市场细分的流程

1. 确定物流产品的市场范围

根据市场调查的情况，物流企业先确定该区域的所有客户需要哪些项的物流产品和服务，需求规模有多大，服务对象是谁，企业自身的资源和能力能否满足客户的需求。

2. 列出潜在顾客的基本需求

具体而言，应包括所有客户的基本需求有哪些，哪些是相同的，哪些是不同的。

3. 区别不同客户的不同需求

不同客户需求的侧重点是不一样的，通过这种差异比较，就可以初步细分出需求差异的客户群。

4. 选择细分标准

抽调潜在客户的共同需求，而以特殊需求作为细分标准。

5. 给子市场命名

给细分后的每一个子市场命名，该名称应该能反映这一消费群体的特质。

6. 测量子市场

对每一个子市场进行预测，估计其顾客数量、购买频率、购买行为、服务要求，估计客户需求规模、市场规模，并对产品市场竞争状况和发展趋势做出分析。通过分析来决定再次进行市场细分还是合并这些子市场。

7. 选择目标市场

确定市场细分的大小及市场群的潜力，从中选择适合企业的目标市场。

实训任务实施 ➡️➡️

情境一　选择物流市场细分标准

【学　　时】2

【学习目标】掌握市场细分的相关理论知识

【重点难点】选择市场细分标准

【学习过程】

1. 通过分析"富日成功瞄准商业流通领域"和"大连盛川专注服务大型制造商企

业"两个案例引出市场细分的概念。

2. 自主学习市场细分的标准、作用和条件。

3. 根据任务要求，学生完成下列活动。

（1）根据查阅或实地调研的资料，分析背景企业或实地调研企业的资源、能力和优劣势。

（2）运用 SWOT 分析法分析物流市场营销信息和环境。

（3）研究物流市场显在竞争对手和潜在竞争对手的情况。

（4）确定所要进入的物流市场。

（5）以客户需求为中心，划定公司产品的市场范围。

（6）分析估计物流市场需求的规模及服务对象。

（7）列举潜在顾客的基本需求。

（8）分析潜在顾客的不同需求，应对不同的潜在顾客进行调查，并对所列出的需求变数进行评价，了解顾客的共同需求。

（9）确定客户的特殊需求，选择市场细分的标准。

4. 以小组为单位进行展示、交流，教师点评。

情境二　物流市场细分

【学　　时】4

【学习目标】掌握物流市场细分的方法

【重点难点】进行市场细分

【学习过程】

1. 依据客户所属的行业性质将物流市场细分为农业、制造业、商贸业等。

2. 依据地理区域将物流市场细分为区域物流、跨区域物流和国际物流。

3. 依据物品属性将物流市场细分为投资品市场和消费品市场。

4. 依据客户规模将物流市场细分为大客户、中等客户和小客户。

5. 依据合作时间长短将顾客细分为长期客户、中期客户和短期客户。

6. 依据服务方式将物流市场细分为单一型物流服务方式和综合型物流服务方式。

7. 依据利润回报高低将物流市场细分为高利润产品（服务）市场和低利润产品（服务）市场。

8. 给细分后的各个子市场命名。

9. 总结各个子市场的客户需求特征。

10. 以小组为单位进行展示、交流，教师点评。

11. 撰写活动报告，上交备案。

实训任务考核

1. 假设你是某新建服装公司总裁，现在要根据市场需求状况进行市场细分。如果你可以根据下列细分变量进行市场细分，那么请说明公司应该生产哪些服装。

市场细分变量：性别、年龄、职业、爱好、居住地（城市、乡村）、收入状况。

2. 请同学们认真阅读下面的材料，如果你是该公司的物流营销人员，请为该公司进行物流市场细分。

目前，国内航空公司普遍存在服务差异化较小、缺乏核心竞争力等问题，国内航空公司在行业内外的竞争优势不足，因此不得不采取价格战等低层次竞争手段，造成航空公司经营状况恶化，赢利能力下降。AC航空公司作为我国三大航空公司之一，具有机队规模较大、航线网络完善、安全可靠、技术领先等竞争优势，但同时也存在组织结构不合理、缺乏市场意识、营销手段落后、管理不善等诸多问题。因此，如何在新的竞争环境下面对消费结构的变化，确认主流旅客，把握机遇，明确目标市场，制定切合实际、行之有效的客运服务营销战略与策略组合，全面提升核心竞争能力，已经成为AC航空公司所面临的重要课题。通过调查研究，得到以下参考因素。

一是人口因素。从旅客年龄构成来看，26～44岁年龄段占AC航空公司全部旅客运输中的六成以上，为61.8%，他们是AC航空公司旅客的主体。22～25岁和45～54岁年龄段的分别占9.3%和17.8%，他们是旅客的重要组成部分。而65岁以上与16～21岁的旅客只分别占1.6%和2.72%。

二是地理因素。根据数据显示，AC航空公司国际旅客占20%、国内旅客74%、港澳台旅客6%。

三是心理因素。根据调查，国内旅客选择客运服务产品时的考虑因素是：航班时刻（34%）、航空公司（26%）、服务（15%）、机型（14%）、常旅客计划（7%）、机票价格（4%）。

四是行为因素。根据消费频率可将航空旅客分为常旅客、普通旅客、特殊旅客。其中10%的常旅客为AC航空公司提供了40%的收入。按照旅客出行目的，可将航空旅客分为公务和休闲旅客两大类，然后再对两类旅客进行细分，前者包括一般公务旅客和紧急公务旅客，后者包括旅游旅客和探亲旅客。AC航空公司公务旅客占全部旅客的71%，高于民航平均水平，而旅游旅客比例呈逐年上升趋势。

实训任务总结 ✦➤

_____

_____

_____

_____

_____

_____

_____

☞ **考核标准**

【情境一活动评价】

表 3 – 1　　　　　　　　**"选择物流市场细分标准"评分表**

考评内容	能力评价			
	具体内容	分值	学生评分 (0.4)	教师评分 (0.6)
考评标准	物流市场细分变量、条件	30		
	资料收集、甄选	20		
	PPT 制作	10		
	团队展示	20		
	小组合作，责任分工明确	20		
合　　计		100		

注：考评满分为100分，60~74分为及格；75~84分为良好；85分以上为优秀

各组成绩

小组	分数	小组	分数

教师记录、点评：

【情境二活动评价】

表 3 - 2   "物流市场细分"评分表

考评内容	能力评价			
考评标准	具体内容	分值	学生评分（0.4）	教师评分（0.6）
	物流市场细分程序	30		
	物流市场细分结果	30		
	团队展示	30		
	PPT 制作	10		
合　计		100		

注：考评满分为 100 分，60～74 分为及格；75～84 分为良好；85 分以上为优秀

各组成绩			
小组	分数	小组	分数

教师记录、点评：

☞ **熟能生巧**

1. 请查阅相关资料，分析保时捷汽车购买者的市场细分情况。

表 3 - 3   保时捷汽车购买者市场细分情况

类型	比例	说　明
顶尖人士	27%	有抱负、有野心的类型。象征权力与控制，他们希望受到注意
杰出人士	24%	传统的贵族血统。车就是车，无论多贵都无所谓，它并不反映个性
自豪的主顾	23%	能够拥有已经知足。车是努力工作的报偿，谁在乎别人怎么看
生活奢侈的人	17%	在全世界寻找高速和刺激的人。他们的车给他们本来火热的生活增添了刺激
梦幻者	9%	他们不仅对影响别人不感兴趣，而且对拥有一辆车甚至有一点负罪感

_____

_____

_____

_____

_____

_____

_____

_____

2. 富日是杭州一家物流公司，虽然成立没有多长时间，但客户已经从最初的几家发展到了现在的150多家。富日物流成立之初，相关人员曾对杭州的物流市场做过一个调查，包括杭州的地理位置、基础建设、市场区域等。调研显示：地处流通经济异常活跃的长江三角洲，杭州这几年零售业超市大型化和连锁店经营发展迅猛，仅市区就有1600个门店。而这些连锁店所面临的共同问题，就是店内自行配送投资太大而且管理困难，亟须一个独立的平台来提供物流配送服务。

富日在杭州东部下沙路建了一个20万平方米的配送中心，可以同时储存食品、电器、化妆品、药品、生活用品等8000多个品项，这很好地解决了当地商业流通行业因为商品多样化带来的仓储难题。零售行业单件商品配送较多，为了提高车辆的满载率，富日物流通过信息化系统的准确调度，将送往同一区域、同一线路的货品合理配车，大大降低了送货成本。

退货和换货作业是物流企业对客户的后续服务，富日所服务的客户类型使它比其他物流公司要更多地面对这个难题。富日借鉴了国外的一些先进经验，专门设立退换货管理区域，将不同的货户、不同的退回货品集中起来，组织人员进行管理、分类，把能够继续使用、无质量问题的重新打包成箱，无法继续使用的则挑拣出来，进行回收处理。

"货品质押"是富日物流的又一特色服务。富日与中国银行、招商银行等几家银行签约，供应商可将存放于富日配送中心的货品作为抵押获得银行贷款，同时，富日为银行免费保管这些被抵押的货品。通过这种运营模式，供应商的资产得到了盘活，库存压占的成本降低了很多。这也使作为第三方物流商的富日获得了更多的客户资源。

下一步，富日物流将全面提升物流资讯系统及网络传输能力，真正达到与货主联网、信息共享，实现物流系统网上操作及互联网在线查询。

思考：

（1）通过物流市场细分，富日物流公司有了怎样的发展？这说明了什么？

（2）结合案例谈谈你对市场细分的理解。

实训课任务二　选择目标市场

☞ **实训课程名称**

选择目标市场

☞ **实训课程学时**

理论 2 学时，实训 4 学时

☞ **实训学习目标**

知识目标 ✛▶

1. 通过实训，使学生能够结合背景企业的资料，运用物流目标市场的方法，客观地对各个细分市场进行评估，并从中选择目标市场。

2. 通过实训，让学生能够针对物流目标市场进行营销策略选择，提高判别能力。

能力目标 ✛▶

1. 通过实训，让学生能够结合背景市场行情，客观地分析本企业的资料，评估子市场。

2. 通过实训，让学生学会正确选择目标市场，提升学生判断力。

☞ **实训学习方法**

多媒体讲授法、项目教学法、行动导向教学法

☞ **实训课程程序**

实训课程介绍 ✛▶

本次实训课任务旨在让学生能够结合背景企业资料客观地对细分的子物流市场的规模、成长潜力、营利率、规模经济及风险进行评估。提高学生综合分析问题的能力和决策能力。使学生能够根据所学理论知识，结合实际情况，从多个细分市场中选择符合本企业经营目标的物流目标市场。

本次实训课任务包含两个学习情境：评价子物流市场、选择物流目标市场。

实训任务说明

一、目标市场

目标市场指企业在细分市场的基础上，经过评价和筛选后所确定的作为企业经营目标的特定市场。市场细分则是确定目标市场的基础和前提条件。

二、选择目标市场的条件

1. 目标市场要有一定的现实需求和潜在需求

2. 目标市场要有一定的购买力

3. 企业必须有能力满足市场需求

4. 企业有较强的市场控制力

5. 有利于企业总体营销目标的实现

三、目标市场策略

1. 无差异性营销战略

企业把整体市场看作一个大的目标市场，不进行细分，用一种产品、统一的市场营销组合对待整体市场。

优点：成本低，利于标准化与大规模生产。

缺点：不能满足不同消费者的差异需求。

例如：可口可乐、福特汽车。

2. 差异性营销战略

企业把整体市场划分为若干个需求与愿望大致相同的细分市场，然后根据企业的资源及营销实力选择不同数目的细分市场作为目标市场，并为所选择的各目标市场制定不同的市场营销组合策略。

优点：满足不同消费者的不同需求；适合企业发展多元化；提高市场占有率。

缺点：市场营销费用大幅度增加。

例如：各种品牌的化妆品。

3. 集中性营销战略

把企业资源集中在一个或几个小型市场，不求在较多的细分市场上得到较小的市场份额，而要求在较少的市场上得到较大的市场占有率。

优点：适合资源薄弱的企业。

缺点：经营者承担的风险较大。

四、目标市场模式

1. 专一物流市场集中战略
2. 产品专一化战略
3. 物流市场专一化战略
4. 选择性专一化战略

实训任务实施

情境一　评价子物流市场

【学　　时】4

【学习目标】掌握目标市场评估的方法、策略

【重点难点】如何评价子物流市场

【学习过程】

1. 评估各个子物流市场的规模、需求和购买力。

2. 评估各个子物流市场的发展状况。

3. 评估各个子物流市场的结构。

4. 评估各个子物流市场的目标与资源。

5. 评估本企业的竞争优势。

6. 对各个子物流市场进行再细分或者合并。

7. 撰写子物流市场评估报告。

8. 以小组为单位进行展示，相互交流。

9. 教师点评。

情境二 选择物流目标市场

【学　　时】2

【学习目标】从多个细分市场中选择符合本企业经营目标的物流目标市场

【重点难点】选择物流目标市场评估模式和物流目标市场策略

【学习过程】

1. 确定选择物流目标市场的标准和方法。

2. 根据背景企业的目标、资源和能力，选择物流目标市场。

3. 甄选物流目标市场模式。

4. 选择物流目标市场营销策略。

5. 以小组为单位撰写物流目标市场营销活动报告。

6. 以小组为单位进行展示，相互交流。

7. 教师点评。

实训任务考核

1. 我会区别目标市场策略。

_____

_____

2. 我会总结目标市场模式。

_____

_____

3. 我来讲讲如何评价子物流市场。

_____

_____

_____

实训任务总结

_____

_____

_____

☞ 考核标准

【情境一活动评价】

表 3 - 4   "评价子物流市场" 评分表

考评内容	能力评价			
	具体内容	分值	学生评分 (0.4)	教师评分 (0.6)
考评标准	目标市场评估的流程	40		
	资料讨论分析	20		
	目标市场条件	20		
	团队展示、PPT 制作	20		
合 计		100		

注：考评满分为 100 分，60~74 分为及格；75~84 分为良好；85 分以上为优秀

各组成绩

小组	分数	小组	分数

教师记录、点评：

【情境二活动评价】

表 3 - 5   "选择物流目标市场" 评分表

考评内容	能力评价			
	具体内容	分值	学生评分 (0.4)	教师评分 (0.6)
考评标准	目标市场选择的正确性	20		
	目标市场策略	30		
	目标市场模式	30		
	团队展示、PPT 制作	20		
合 计		100		

注：考评满分为 100 分，60~74 分为及格；75~84 分为良好；85 分以上为优秀

各组成绩			
小组	分数	小组	分数

教师记录、点评：

☞ **熟能生巧**

中国远洋物流有限公司（以下简称"中远物流"）早在 2013 年就公开宣称要成为"中国最具赢利能力"的整合物流服务提供商，从而引起物流界和媒体的广泛关注。

公司成立之初，中远物流为寻求准确的市场定位，曾聘请专业的物流咨询公司进行了为期半年的市场调查，通过确定"行业发展趋势、物流需求水平、物流外包程度和市场竞争程度"四个细分标准，最终选择出最适合开发的目标市场。中远物流的目标市场侧重点是依托中远跨国公司的优势，为我国的进出口客户提供整套的物流服务。最初选定了四个目标市场，即家电物流、汽车物流、会展物流、大型项目物流。

根据中远物流最新提供的资料，该公司明确的六大战略细分市场是家电、电子、化工、航空、电力、会展和供应链。中远物流已经是电力工程和家电市场最大的物流服务商，并且是中国唯一的航空物流服务商。

中远物流能提出"最具赢利能力"的目标也跟他们选择了利润率高的客户有很大关系。中远集团副总经理叶伟龙给媒体详细讲解了六大目标市场是如何选择出来的，这种目标市场选择还处在不断变化之中，也就是"有所为而有所不为"。中远物流已完成了与泸州老窖集团的战略合作签约，此前，公司也和淘宝网签署协议，负责其淘宝商城家电产品的物流服务。中远物流的目标客户定位于高端领域的国内大型企业、大客户和跨国公司，所以公司也放弃了很多领域，比如快递行业。叶伟龙也正式确认，中远物流已经完全从汽车业退出，几家公司的股权都已经转让出去。同时，中远集团正在谋求"从全球航运承运人向全球物流经营人"角色转变，作为这一战略的重要组成部分，中远物流将是现代物流领域的战略平台。

思考：

（1）查阅中远物流的资料，谈谈中远物流是如何成功选择物流目标市场的。

（2）如何理解"物流目标市场是不断变化的"？

实训课任务三　市场定位

☞ **实训课程名称**

市场定位

☞ **实训课程学时**

理论 2 学时，实训 2 学时

☞ **实训学习目标**

理解市场定位的内容及策略。

能力目标

1. 通过实训，让学生能够运用市场定位的原理，结合实际来分析各主要目标市场的特征，提升学生分析市场能力和判断市场能力。

2. 确定产品定位和企业定位策略。

☞ **实训学习方法**

多媒体讲授法、项目教学法、行动导向教学法

☞ **实训课程程序**

实训课程介绍

本次实训任务旨在让学生能够运用市场定位的原理，结合实际来分析各主要目标市场的特征，能够为选择的目标市场进行定位，提升学生分析市场能力和判断市场

能力。

本次实训任务包括两个学习情境：分析主要目标市场、目标市场定位。

实训任务说明 ➡️

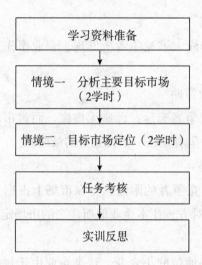

实训知识铺垫 ➡️

一、市场定位

根据竞争者现有产品在市场上所处的地位和顾客对产品某些属性的重视程度，塑造出本企业产品与众不同的鲜明个性或形象，并传递给目标顾客，使该产品在细分市场上占有强有力的竞争位置。

二、市场定位的内容和途径

1. 产品定位

侧重于产品实体定位，包括质量、成本、特征、性能、可靠性、用性、款式等。

2. 企业定位

即企业形象，包括品牌塑造，员工的能力、知识、言表及可信度。

3. 竞争定位

确定企业相对于竞争者的市场位置，如七喜汽水在广告中称它是"非可乐"饮料，暗示其他可乐饮料中含有咖啡因，对消费者健康有害。

4. 消费者定位

确定企业的目标顾客群，定位途径有：产品差别化、服务差别化、人员差别化、形象差别化。

三、目标市场定位策略

1. 市场领先者定位策略

指企业选择的目标市场尚未被竞争者所发现，企业率先进入市场，抢先占领市场的策略。

2. 跟随竞争者市场定位策略

指企业发现目标市场竞争者充斥，已座无虚席，而该市场需求潜力又很大，企业跟随竞争者挤入市场，与竞争者处在一个位置上的策略。

3. 市场挑战者定位策略

指企业把市场位置定在竞争者的附近，与在市场上占据支配地位的最强的竞争对手"对着干"，并最终战胜对方，让本企业取而代之的市场定位策略。

4. 市场补缺者

指在同行业中处于弱小地位的小企业。这类企业由于规模小、实力弱，只经营一种产品或服务，选择那些被大企业所忽视或大企业不重视的细分市场。

四、目标市场定位的方法

（1）按主导区域定位。

（2）按物流产品或服务特色定位。

（3）按竞争定位。

（4）按客户关系定位。

（5）按使用者的类型定位。

（6）按提供的利益和解决问题的方法定位。

（7）按产品的专门用途定位。

情境一　分析主要目标市场

【学　　时】2

【学习目标】分析各主要目标市场的特征

【重点难点】目标市场定位的步骤

【学习过程】

1. 通过讨论分析"中邮物流有限责任公司的市场定位"，分组讨论市场定位的步骤。

（1）识别潜在竞争优势。

（2）企业核心竞争优势定位。

（3）制定发挥核心竞争优势的战略。

（4）进行市场定位。

2. 学生活动

（1）列出本企业想要进入的主要目标市场。

（2）对主要目标市场的需求、占有率、市场动态、价格等相关情况进行分析。

（3）列出主要目标消费群体。

（4）对主要目标消费群体的特征、行为、需求、购买因素等相关情况进行分析。

（5）列出目标市场的主要竞争对手。

（6）分析主要竞争对手的特征、卖点、市场定位、竞争策略、产品现状等相关情况。

（7）以小组为单位进行展示，相互交流。

（8）教师点评。

（9）以小组为单位撰写活动报告，并上交备案。

情境二　目标市场定位

【学　　时】2

【学习目标】确定物流产品或服务定位和企业定位策略

【重点难点】目标市场定位的策略

【学习过程】

1. 教师介绍。

2. 学生自主学习市场定位的策略。

（1）对背景企业物流产品或服务的功能属性进行定位。

（2）对背景企业物流产品或服务的品牌属性进行定位。

（3）确定背景企业在产品、服务、人员、形象等方面与竞争者的差别。

（4）准确选择背景企业的竞争优势。

（5）确定背景企业在目标市场中的地位。

（6）根据背景企业在主要目标市场中的地位，选择市场定位策略。

（7）根据背景企业采用的不同定位策略，进一步进行具体策略和方法的选择。

（8）以小组为单位进行展示，相互交流。

（9）教师点评。

（10）以小组为单位撰写活动报告，并上交备案。

实训任务考核 ➡

1. 我是否理解了目标市场定位的含义、内容？

_____

_____

2. 我是否已掌握目标市场定位策略？

_____

_____

3. 请谈谈市场定位对企业的重要性。

_____

_____

4. 请查阅资料，分析王老吉的市场定位情况。

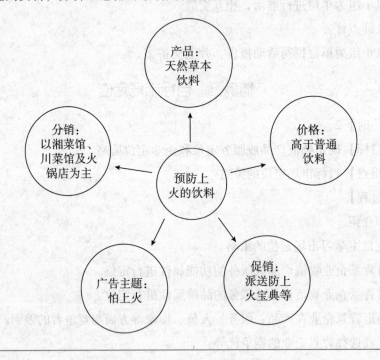

_____

_____

_____

_____

_____

实训任务总结 ✦➤

＿＿＿＿＿＿＿＿＿＿＿＿＿＿＿＿＿＿＿＿＿＿＿＿＿＿＿＿＿＿＿＿＿＿＿＿

＿＿＿＿＿＿＿＿＿＿＿＿＿＿＿＿＿＿＿＿＿＿＿＿＿＿＿＿＿＿＿＿＿＿＿＿

＿＿＿＿＿＿＿＿＿＿＿＿＿＿＿＿＿＿＿＿＿＿＿＿＿＿＿＿＿＿＿＿＿＿＿＿

＿＿＿＿＿＿＿＿＿＿＿＿＿＿＿＿＿＿＿＿＿＿＿＿＿＿＿＿＿＿＿＿＿＿＿＿

＿＿＿＿＿＿＿＿＿＿＿＿＿＿＿＿＿＿＿＿＿＿＿＿＿＿＿＿＿＿＿＿＿＿＿＿

＿＿＿＿＿＿＿＿＿＿＿＿＿＿＿＿＿＿＿＿＿＿＿＿＿＿＿＿＿＿＿＿＿＿＿＿

＿＿＿＿＿＿＿＿＿＿＿＿＿＿＿＿＿＿＿＿＿＿＿＿＿＿＿＿＿＿＿＿＿＿＿＿

☞ **考核标准**

【情境一活动评价】

表 3 - 6 　　　　　　　　　　**"分析主要目标市场"评分表**

考评内容	能力评价			
	具体内容	分值	学生评分 （0.4）	教师评分 （0.6）
考评标准	目标市场定位内容	30		
	目标市场定位方法	30		
	团队展示	30		
	PPT 制作	10		
合　　计		100		

注：考评满分为 100 分，60～74 分为及格；75～84 分为良好；85 分以上为优秀

各组成绩				
小组	分数		小组	分数

教师记录、点评：

【情境二活动评价】

表 3 – 7 "目标市场定位"评分表

考评内容	能力评价			
考评标准	具体内容	分值	学生评分 (0.4)	教师评分 (0.6)
	目标市场定位途径	20		
	目标市场定位方法	30		
	团队展示	40		
	PPT 制作	10		
合　计		100		

注：考评满分为 100 分，60 ~ 74 分为及格；75 ~ 84 分为良好；85 分以上为优秀

各组成绩

小组	分数	小组	分数

教师记录、点评：

☞ **熟能生巧**

现代物流业已成为中国经济发展的动脉，逐渐涌现出一批现代物流的成功案例。"宅急送""宝供"就是中国现代物流发展中的两个杰出代表。

宅急送选择的市场定位是快速物流服务，即门到门快递服务，宅急送的定位是在公司成立之时确立的，当时中国的国内快递行业还是空白，中国邮政 EMS 业务只限于信函。宅急送的定位体现了市场差异化的战略，这种战略定位为客户提供了与众不同的物流服务，同时由于竞争者少，成熟度低，使得企业以较低的成本进入这一领域，并有可能成为行业规则的制定者。宅急送在发展过程中，对物流服务市场进行了更为精确的定位，一是将客户群由零散客户向大客户转变，这是为了适应中国市场环境和政策、法规的转变；二是放弃国际快递高利润的诱惑，专攻国内快递，使得宅急送在发展初期得以与国际快递大鳄和平共处，共同发展。

如果说宅急送的战略定位是"快"，那么宝供的战略定位则是"准"。宝供的准时物流服务定位的选择是在宝供向现代物流企业转型中逐步确定的。由于宝供服务的企业大多集中在企业的生产、流通环节，其定位于企业供应链物流服务也是顺理成章的事。宝供从给宝洁当学生，到建立信息系统，再到建立物流基地，逐步体会到更准确、更敏捷、更及时、更高效的准时物流服务的精髓，宝供战略定位的变化自始至终都围绕着一个"准"字，从储运—物流—供应链，从货运代理—物流资源整合—物流资源一体化，这种变化源于对"准"字的不断认识，不断理解和不断实践。这样一系列的准确，就使得宝供必须组织所有资源来满足这一要求，而只有建立起一套基于信息系统的物流仓、储、运一体的，集商流、物流、信息流、资金流一体的现代化物流运作网络，才能在战略定位的差异化中取得竞争优势，从而连续保持中国第三方物流的领先地位。

思考：

1. 认真阅读案例，分析宅急送、宝供物流的市场定位。

2. 市场定位对企业来说有什么意义？

项目四　产品策略

  物流产品是物流企业为客户提供的各种服务的总称。物流企业通过这种服务，帮助客户实现了产品实体的转移，实现了客户实体产品的社会价值。这种产品是一种无形产品，看不见，摸不着，不能储存，其生产和消费大多具有同一性。物流产品的质量是决定物流企业能否生存的关键因素，是物流企业实施营销活动的轴心。所以，物流营销人员必须熟悉物流企业的产品是什么，处在产品生命周期的哪个阶段。

实训课任务一　开发新产品

☞ **实训课程名称**

  开发新产品

☞ **实训课程学时**

  理论 4 学时，实训 12 学时

☞ **实训学习目标**

知识目标 ✚►

  1. 了解整体产品、产品组合、产品生命周期等概念。

  2. 理解产品组合策略、新产品开发对企业的重大意义、产品生命周期及其策略。

能力目标 ✚►

  1. 使学生能够在掌握新产品构思方法的基础上，为背景企业提出新产品开发创意，提升思维能力。

  2. 使学生能够运用整体产品观念及技能进行产品策划，制定产品营销策略。

☞ **实训学习方法**

案例教学法、任务驱动法、情景教学法、小组合作法、模拟企业法、头脑风暴法

☞ **实训课程程序**

实训课程介绍 ➕▶

本次实训课任务通过让学生学习整体产品、产品组合、产品生命周期、产品策略，模拟企业新产品开发流程，旨在让学生明白产品开发是物流企业生存的保障，是物流企业开拓市场的先决条件，也是物流企业制定营销策略的核心。物流企业只有不断地开发新产品，才能满足不同消费者的不同需求，才能在市场的竞争中立于不败之地，从而更好地实现物流企业营销战略的总目标。

本次实训课任务包括两个学习情境：产品及产品组合、新产品开发。

实训任务说明 ➕▶

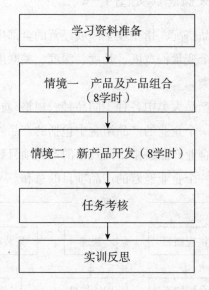

实训知识铺垫 ➕▶

一、产品和整体产品（如图 4 - 1 所示）

整体产品指能够提供给市场的用于满足人们欲望和需求的任何东西。

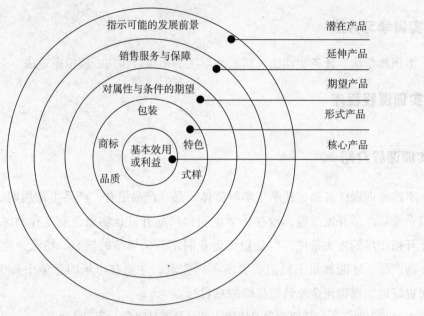

图 4 - 1　整体产品概念示意图

二、产品组合的相关概念（如图 4 - 2 所示）

（1）产品组合也称产品搭配，指企业生产或经营的全部生产线、产品项目的组合。

（2）产品组合包括四个变量：宽度、长度、深度、关联度。

（3）产品线指产品大类。

（4）产品项目指某一产品大类中各种不同品种、规格/质量、价格等的具体产品。

（5）产品组合宽度指一个企业的产品组合中包括的产品线数量。

（6）产品组合深度指企业产品线中不同规格的产品项目数量。

（7）产品组合长度指一个企业经营的产品项目的总和。

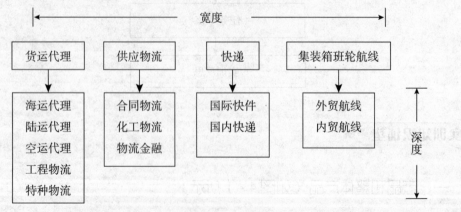

图 4 - 2　中国外运股份有限公司产品（部分）组合示意图

（8）产品组合关联度指产品组合中各产品线之间在最终用途、生产条件、分销渠道等方面的相关程度。

三、新产品

新产品指企业向市场提供的较原先产品已有根本不同的产品，即具有新功能、新特色、新结构、新用途的产品。

四、新产品开发原则

（1）新产品必须有市场潜力。
（2）企业必须具有开发新产品的实力。
（3）新产品开发必须坚持开发与管理并重。

五、新产品开发策略

（1）抢占市场策略。
（2）超越自我策略。
（3）迟人半步策略。
（4）借脑生财策略。
（5）差异化策略。
（6）市场扩散策略。

六、产品生命周期

产品生命周期指产品的市场寿命，即一种新产品从开始进入市场到被市场淘汰的整个过程，分为投入期、成长期、成熟期和衰退期四个阶段（如图 4-3 所示）。

七、产品生命周期及其策略

（一）投入期

1. 投入期特征
（1）产品销量少。
（2）促销费用高。
（3）制造成本高。
（4）销售利润很低，甚至为负值。

2. 投入期策略
（1）快速撇脂策略。

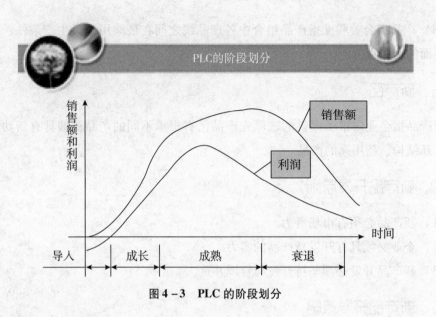

图 4 - 3　PLC 的阶段划分

（2）缓慢撇脂策略。

（3）快速渗透策略。

（4）缓慢渗透策略。

（二）成长期

1. 成长期特征

（1）产品质量稳定。

（2）产品销售量增长。

（3）市场竞争激烈。

（4）销售利润增加。

2. 成长期策略

（1）改进产品质量。

（2）分析竞争对手变化。

（3）开辟新的市场或销售渠道。

（4）树立产品形象。

（三）成熟期

1. 成熟期特征

（1）产品定型，工艺成熟。

（2）价格差别不大，竞争最激烈。

（3）销售达到顶峰。

（4）利润开始下降。

2. 成熟期策略

（1）市场改进。

（2）产品改进。

（3）产品组合改进。

（四）衰退期

1. 衰退期特征

（1）产品销售量下降。

（2）利润明显下降。

2. 衰退期策略

（1）继续策略。

（2）集中策略。

（3）放弃策略。

实训任务实施

情境一　产品及产品组合

【学　　时】8

【学习目标】能够说出产品组合的含义并给本公司产品进行组合

【重点难点】掌握产品组合及产品生命周期的含义

【学习过程】

1. 教师播放一些产品的图片，让学生比较哪些图片上的产品卖得贵，哪些卖得便宜？例如普通 T 恤与名牌 T 恤，普通苹果与美国蛇果、有机苹果，普通手机与"苹果"手机。

讨论企业为何要美化包装、创造品牌、提升服务，其目的何在。

2. 教师让学生根据表格和相关概念自学产品组合。小组代表讲解。

表 4 - 1　　　　　　　　　　　　　　产品组合

产品线	产品组合的深度		
电视机	A1　A2　A3		产品组合的宽度
空调	B1　B2　B3　B4　B5		
电冰箱	C1　C2		
电脑	D1　D2　D3　D4		

3. 分组讨论案例并讲解

【案例】在 2002 年全国主要城市居民洗发水市场占有率排名中，宝洁公司旗下的"飘柔""海飞丝""潘婷"独占三元，而另一位新宠"沙宣"也是直线上升。四大品牌分头出击，各展风姿，使宝洁公司牢牢坐在了中国洗发水市场霸主的宝座上。

请写出洗发水这一产品整体概念的五层含义，并对宝洁公司洗发水产品组合策略和品牌策略进行分析讨论。

4. 各个小组根据本公司产品组合任务收集准确、完整的市场信息。

5. 讨论本公司产品的核心产品、形式产品、附加产品、潜在产品及期望产品。

6. 根据本公司产品从以下几方面对产品进行组合设计。

（1）产品组合的宽度。

（2）产品组合的长度、深度。

（3）产品组合的平均长度。

（4）产品组合的关联度。

7. 写出本公司的产品组合策略分析报告。

8. 各小组归纳产品组合设计构想，并向全班汇报，评出最佳产品组合。

9. 教师讲评。

情境二　新产品开发

【学　　时】8

【学习目标】掌握新产品开发流程

【重点难点】如何开发本公司新产品

【学习过程】

1. 学生分组学习新产品的概念、开发原则及策略。

2. 教师讲解产品生命周期及策略。

3. 小组讨论案例并回答问题。

【案例】20 世纪 80 年代后期，随着我国电力事业的发展和农村生活水平的提高，农村用电水平开始稳步增长。然而，对于刚刚开始富裕的农民来讲，购置一套用电设备在经济上仍然是一笔不小的负担，加上当时的社会治安条件不够稳定，不少地方出现了偷盗倒卖电气设备的事件，引起了社会上的广泛关注。

这一现象立即引起了一些人的重视，他们计划针对这一情况开发生产农村用电设备防盗装置。经过多方筹措，1988 年在保定市成立了一家电气设备防盗器材厂，迅速投入了新产品的研制与开发，并在不长的时间里开发出两项产品。一是变压器防盗自动保护装置，它通过开路、短路以及人体感应等原理来启动装置，产生 4000 伏的高压，并发出无线电信号通知监护人员。一套变压器防盗自动保护装置的售价为 1600 元左右，它的保护对象是容量在 100 千伏安以下，价格为七八千元的变压器。二是线路保护装置，它通过线路出现短路发出无线电信号，通知监护人。在公司经营者看来，这些产品的开发不仅考虑到了市场的需要，而且还具有以下优势：一是在当时的市场上该类产品还是一个空白，需要有产品来填充市场；二是面对社会上电器设备被盗的现象，需要有相应的防盗措施；三是公司经营者与供电部门进行了协商，供电部门已经同意协作推销其产品。

公司经营者认为新产品的畅销已经是万无一失了。然而等到产品真正上市后，情况却出乎意料。新产品几乎无人问津，且新产品在实际使用过程中出现了很多问题。例如，变压器防盗保护装置的感应部分受气候条件的影响很大，遇到阴雨天气装置很容易出现误动作；在线路防盗保护装置的设计中，也因为没有考虑到线路末端安装的电动机和电度表，以及这些设备的阻抗，致使在有些情况下线路保护装置停止运作等。尽管经营者四处奔波，八方联系，最后仍然导致产品大量积压，不久该企业负债高达 130 多万元，濒临破产。

小组讨论案例，分析企业产品开发失败的原因。

4. 各个小组根据本公司开发新产品的任务需要，利用多种信息手段收集尽可能多的与本企业新产品开发相关的背景资料。根据企业基本情况与所收集的信息进行小组讨论和分析，设计出规范、完整的产品开发方案。

5. 小组进行新产品构思，根据产品整体概念提出新颖、别致的产品开发创意。

6. 写出本公司新产品的特点。

7. 小组成员根据对新产品构思进行筛选与评判。

8. 用文字、图像、模型等方式将构思转化为新产品概念，选出最有潜力的新产品。

9. 小组展示，教师点评。

实训任务考核

1. 请用自己的话来描述什么是产品、产品组合和产品生命周期。

_____

_____

2. 如何开发新产品？

_____

_____

_____

3. 画出产品生命周期图，并分析各个阶段的策略。

_____

_____

实训任务总结 ➕➤

_____

_____

_____

_____

_____

☞ **考核标准**

【情境一活动评价】

表 4 - 2   **"产品及产品组合"评分表**

考评内容	能力评价			
	具体内容	分值	学生评分 (0.4)	教师评分 (0.6)
考评标准	整体产品	30		
	产品生命周期及策略	30		
	设计产品组合	30		
	PPT 制作	10		
合　　计		100		

注：考评满分为 100 分，60～74 分为及格；75～84 分为良好；85 分以上为优秀

各组成绩			
小组	分数	小组	分数

教师记录、点评：

_____

【情境二活动评价】

表 4 – 3　　　　　　　　　　　　"新产品开发"评分表

考评内容	能力评价			
考评标准	具体内容	分值	学生评分 (0.4)	教师评分 (0.6)
	新产品开发创意	40		
	新产品开发策略	30		
	团队展示	20		
	PPT 制作	10		
合　　计		100		

注：考评满分为 100 分，60 ~ 74 分为及格；75 ~ 84 分为良好；85 分以上为优秀

各组成绩

小组	分数	小组	分数

教师记录、点评：

实训课任务二　产品包装与品牌

☞ **实训课程名称**

产品包装与品牌

☞ **实训课程学时**

理论 4 学时，实训 12 学时

☞ **实训学习目标**

知识目标 ✚➤

1. 理解包装的含义和理念，熟悉包装策略。
2. 熟悉品牌理念和品牌策略，知道品牌与商标的区别。

能力目标 ✚➤

1. 通过实训，使学生能够为本公司产品设计包装。
2. 通过实训，使学生能够为背景企业选择品牌策略。

☞ **实训学习方法**

多媒体讲授法、项目教学法、行动导向教学法

☞ **实训课程程序**

实训课程介绍 ✚➤

本次实训课任务旨在通过学习包装、品牌等知识，让学生动手设计制作包装、品牌，使其知晓包装策略、品牌策略是产品策略的一个重要组成部分。对于物流企业而言，具有品牌的物流产品更有利于发挥市场优势和新产品的销售，并且有助于加强物流用户的忠诚度。因此，在实施物流营销的过程中，必须采取适当的包装策略、品牌策略，尽力强化物流产品的市场竞争力。

本次实训课任务包括两个学习情境：设计包装、设计品牌。

实训任务说明 ➡

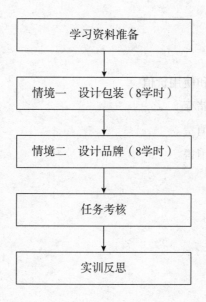

实训知识铺垫 ➡

一、包装（如图 4 – 4 所示）

包装是为在流通过程中保护产品、方便储运、促进销售，按一定技术方法而采用的容器、材料及辅助物等的总称。

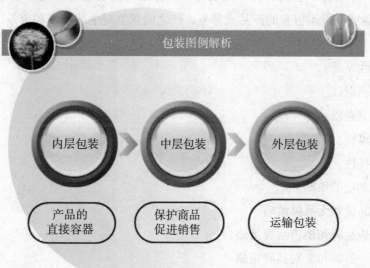

图 4 – 4 包装图例解析

包装对一个企业而言，不再是单纯的包装，而是一个承载着企业为了实现其商业目的，使其产品增值的一系列经济活动的信息载体。

二、包装的作用

（1）保护商品。

（2）实现商品的价值和使用价值。

（3）便于运输携带、储存。

（4）便于使用和指导消费。

（5）美化商品，促进销售。

三、包装策略

（1）类似包装策略。

（2）等级包装策略。

（3）配套包装策略。

（4）再使用包装策略。

（5）附赠品包装策略。

（6）分量式包装策略。

（7）更新包装策略。

四、品牌制定

品牌是一个名称、名词、符号或设计，或者是它们的组合，设计品牌的目的是识别某个销售者或某群销售者的产品或劳务，使之同竞争对手的产品和劳务区别开来。

1. 品牌的制定原则

（1）个性显著。

（2）新颖别致。

（3）简洁通俗。

（4）严肃性。

（5）多样性。

2. 品牌制定的策略

（1）有品牌和无品牌策略。

（2）制造品牌和销售品牌策略。

（3）统一品牌和个别品牌策略。

（4）多重品牌策略。

（5）品牌创新策略。

五、品牌制定的方法

（1）地域法（贵州茅台）。

（2）时空法（道光二十五）。

（3）目标法。

（4）人名法（王守义十三香）。

（5）中外法。

（6）数字法（36524、7－11）。

（7）功效法（泻立停、颈复康）。

（8）价值法。

（9）形象法（奔驰、宝马）。

（10）企业名称法（娃哈哈、海尔）。

实训任务实施

情境一　设计包装

【学　　时】8

【学习目标】理解包装的含义、理念，熟悉包装策略

【重点难点】理解包装理念

【学习过程】

1. 教师提出两个观点：

（1）"酒香不怕巷子深"——贵州茅台的国际品酒赛。

（2）"货卖一张皮"——买椟还珠的故事。

让学生想一想，说出自己支持哪种观点，从而引出包装的概念。

2. 展示各种包装，让学生自己说说这些包装的作用。

3. 教师展示各种图片，帮助学生理解包装策略。

4. 解定背景企业产品包装的主要功能。

5. 解定背景企业产品的包装定位，即根据产品品牌形象、产品定位、企业形象解定包装设计和包装材料。

6. 选出背景企业3个产品项目并对其进行包装设计。

7. 选择包装策略。

8. 小组展示。

9. 教师点评。

情境二　设计品牌

【学　　时】8

【学习目标】赏识、鉴别品牌

【重点难点】品牌和商标的区别

【学习过程】

1. 欣赏汽车品牌（如图4-5所示）

2. 教师讲解品牌的相关知识。

3. 选择背景企业的3个细分市场，进行品牌的命名和标志设计。

4. 填写品牌形象分析表。

5. 教师点评。

| 阿尔法 | 阿斯顿-马丁 | 宝马 | 宝腾 | 保时捷 | 奔驰 | 本田 |

| 别克 | 大宇 | 大众 | 法拉利 | 菲亚特 | 丰田 | 福特 |

| 德国欧宝 | 德国凯斯宝尔 | 德国大众 | 德国保时捷 |

图4-5　轿车类品牌

实训任务考核

1. 包装策略有哪些？品牌策略有哪些？商标和品牌的区别是什么？

2. 阅读下列案例材料，并回答问题。

韵达企业标准色为鲜亮明快的红色和黄色，像火焰、像朝阳，充满热情、朝气与活力。这与年轻的企业气质十分吻合。品牌的标识简洁、明快充满现代感、国际感，易于识读（如图4-6所示）。韵达快递，寓意将快件准时安全的运送到达目标客户手中。同时，"韵"又代表着一种和谐的旋律，是希望给客户的美好体验，同时也是每一位韵达人工作中快乐、流畅的体验。右侧思维地图通过一个闭环、两仪太极、三段

图4-6　韵达品牌标识

方法、四个象限、五个维度清晰地表明了公司的价值链闭环、同时"刻度"也体现了精准、数字化的理念。通过准确、快捷的服务，传爱心、送温暖，成为受人尊敬、值得信赖的一流快递公司。

请回答：

（1）结合案例说明什么是品牌？

（2）韵达快递的品牌设计体现了韵达的什么理念？

（3）你是怎样理解品牌是对服务质量的承诺的？

☞ **考核标准**

【情境一活动评价】

表4-4　　　　　　　　　　　　"设计包装"评分表

考评内容	能力评价			
	具体内容	分值	学生评分 （0.4）	教师评分 （0.6）
考评标准	包装理念	20		
	设计包装创意	40		
	包装制作	20		
	团队展示	20		
合　　计		100		

注：考评满分为100分，60～74分为及格；75～84分为良好；85分以上为优秀

各组成绩			
小组	分数	小组	分数

教师记录、点评：

【情境二活动评价】

表4-5　　　　　　　　　　　"设计品牌"评分表

考评内容	能力评价			
考评标准	具体内容	分值	学生评分 (0.4)	教师评分 (0.6)
	品牌理念	30		
	设计品牌创意	40		
	团队展示	20		
	PPT 制作	10		
合　计		100		

注：考评满分为100分，60~74分为及格；75~84分为良好；85分以上为优秀

各组成绩

小组	分数	小组	分数

教师记录、点评：

☞ **熟能生巧**

产品创新战略

3M 公司的目标是：每年销售量的30%从前4年研制的产品中取得。这是令人吃惊的。但是更令人吃惊的是，这一目标通常能够实现。每年3M 公司都要开发200多种新产品。它那传奇般的注重革新的精神已使3M 公司连续成为美国最受人羡慕的公司之一。

新产品并不是自然诞生的。3M 公司努力创造一个有助于革新的环境。它通常要投资7%的年销售额用于产品研究和开发，这相当于一般公司投资研究和开发费用比例的两倍。3M 公司鼓励每一个人开发新产品。公司有名的"15%规则"允许每个技术人员至少可用15%的时间来"干私活"，即搞个人感兴趣的工作方案，不管这些方案是否有

利于公司。当产生一个有希望的构思时，3M 公司会组织一个由该构思的开发者以及来自生产、销售和法律部门的志愿者组成的冒险队。该队培育产品，并保护它免受公司苛刻的调查。队员始终与产品捆绑在一起，直到它成功或失败。有些冒险队在一个构思成功之前尝试了 3～4 次。每年 3M 公司都会把"进步奖"授予那些新产品开发后三年内在美国销售量达 200 多万美元或在全世界销售达 400 多万美元的冒险队。

在执著追求新产品的过程中，3M 公司始终与其顾客保持紧密联系。在新产品开发的每一时期，都会对顾客偏好进行重新估价。市场营销人员和科技人员在开发新产品的过程中紧密合作，并且研究和开发人员也都积极地参与开发整个市场营销战略。

3M 公司知道，为了获得最大成功，它必须尝试成千上万种新产品的构思。它把错误和失败当作创造和革新的正常组成部分。事实上，它的哲学似乎成了"如果你不犯错，你可能没在做任何事情"。但正如后来的事实所表明，许多"大错误"都成就了 3M 公司最成功的产品。比如，关于 3M 公司科学家西尔维的故事。他想开发一种超强黏合剂，但是他研制出的黏合剂却不很黏。他把这种显然没什么用处的黏合剂给其他的 3M 公司科学家，看看他们能找到什么方法使用到它。几年过去了，一直没有进展。接着，3M 公司另一个科学家遇到了一个问题。这位博士是当地教堂的唱诗班成员，他发现很难在赞美诗集中做记号，因为他夹的小纸条经常掉出来。他在一张纸片上涂了点西尔维的弱黏胶，结果这张纸条很牢固地粘上了，并且在后来撕下来时也没有弄坏诗集。于是便诞生了 3M 公司的可粘便条纸，该产品现已成为全世界办公设备畅销产品之一。

思考：

（1）企业为什么要开发新产品？

（2）3M 公司在新产品开发上给了我们什么启示？

（3）新产品开发策略有哪些？

（4）什么是品牌？品牌和商标有何区别？品牌策略有哪些？

项目五　价格策略

　　一个物流企业在确定了自己的物流产品之后，接下来的问题就是明确物流产品的价格。价格是营销组合中十分重要的因素，价格合理与否，对物流产品的销售、促销、市场竞争地位的获得以及物流企业的利润都会产生很大的影响。为了让同学们对物流产品的价格有一个较为全面的认识，本模块将系统地讲解物流产品价格制定的方法、技巧及面对市场竞争的调整措施等基本理论知识，并在技能训练的过程中锻炼同学们运用具体方法的能力。

实训课任务　制定产品价格

☞ **实训课程名称**

　　制定产品价格

☞ **实训课程学时**

　　理论 8 学时，实训 8 学时

☞ **实训学习目标**

知识目标 ✦

　　1. 从营销角度和经济学角度讲解营销定价的含义以及影响定价的主要因素。

　　2. 掌握企业定价的目标及产品定价的基本方法。

　　3. 掌握企业定价策略。

能力目标 ✦

　　1. 通过实训，使学生能够根据市场情况，运用价格变动策略、系列产品定价策略和心理定价策略为产品确定价格，实现企业的营销目标。

　　2. 通过实训，使学生能够分别按照成本导向、需求导向、竞争导向为背景企业产品确定合理价格，并选择具有吸引力的价格策略。

☞ **实训学习方法**

多媒体讲授法、项目教学法、行动导向教学法

☞ **实训课程程序**

实训课程介绍 ✦➤

本次实训课任务旨在通过学习产品价格构成、产品定价、定价策略，让学生了解产品价格的构成及影响产品价格的因素，知道"价格战"历来是企业竞争的主要手段之一。掌握定价方法，灵活运用定价策略，对企业来说至关重要。

本次实训课任务包括三个学习情境：认知价格构成、产品定价、定价策略。

实训任务说明 ✦➤

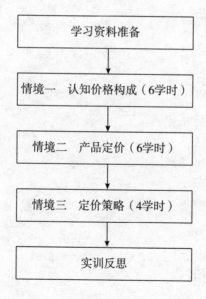

```
┌─────────────────────────┐
│      学习资料准备          │
└─────────────────────────┘
            │
            ▼
┌─────────────────────────┐
│ 情境一  认知价格构成（6学时）│
└─────────────────────────┘
            │
            ▼
┌─────────────────────────┐
│ 情境二  产品定价（6学时）   │
└─────────────────────────┘
            │
            ▼
┌─────────────────────────┐
│ 情境三  定价策略（4学时）   │
└─────────────────────────┘
            │
            ▼
┌─────────────────────────┐
│      实训反思             │
└─────────────────────────┘
```

实训知识铺垫 ✦➤

一、商品的二因素

（1）使用价值。能够满足人们需要的某种属性，即物的有用性。

（2）价值。指凝结在商品中无差别的人类劳动。

商品是使用价值和价值的统一体。拥有价值，就必须出让使用价值；拥有使用价值，就必须出让价值。

二、营销定价的定义

从经济学的角度看，价格是价值的货币表现；从市场学的角度看，价格是根据市场需求的变动而变动的。

三、影响营销定价的因素

（1）产品成本：变动成本和固定成本。

（2）市场需求：供求关系和需求弹性。

（3）竞争状况。

（4）消费者的心理因素。

（5）国家有关法律法规。

（6）企业的定价目标。

四、企业的定价目标

（1）获取最大利润。

（2）提高市场占有率。

（3）维护企业形象。

（4）应付和防止竞争。

（5）维持企业生存。

五、企业定价方法

1. 成本导向定价法

（1）成本加成定价法。

（2）目标收益率定价法。

（3）边际成本定价法。

2. 需求导向定价法

（1）理解价值定价法。

（2）反向定价法。

（3）需求差异定价法。

3. 竞争导向定价法

（1）通行价格定价法。

（2）主动竞争定价法。

（3）密封投标定价法。

4. 利润最大化定价法。

5. 客观定价法。

6. 主观定价法。

六、定价策略

1. 新产品定价策略

（1）撇脂定价策略。

（2）渗透定价策略。

2. 产品组合定价策略

（1）产品线定价策略。

（2）附带产品定价策略。

3. 心理定价策略

（1）尾数定价策略。

（2）整数定价策略。

（3）招徕定价策略。

（4）习惯定价策略。

4. 折价定价策略

5. 差别定价策略

实训任务实施

情境一　认知价格构成

【学　　时】6

【学习目标】分析定价因素，给产品定价

【重点难点】定价目标和定价因素

【学习过程】

1. 让学生说说自行车和汽车的市场售价，讨论：①为何在定价时自行车的价格不能按汽车的价格来定，汽车的价格也不能按自行车的价格来定？②如何给自行车和汽车定价，才能获取最大利润？定价时需要考虑哪些因素？

2. 教师从市场学、经济学两个不同的角度讲解营销定价的含义。

3. 教师从成本、市场、竞争、法律法规、定价目标等方面与学生一起分析营销定价的因素（如图 5 - 1 所示）。

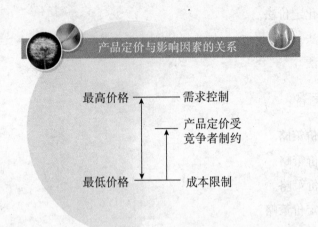

图 5 - 1　产品定价与影响因素的关系

4. 教师讲解企业的定价目标。

（1）获取最大利润：三星手机、苹果手机。

（2）提高市场占有率：日本富士胶卷。

（3）维护企业形象：国家品牌、国际品牌。

（4）应付和防止竞争：垄断与反垄断。

（5）维持企业生存：派克钢笔。

5. 教师讲解定价的程序（如图 5 - 2 所示）。

6. 学生分组讨论案例。

【案例】集装箱运输服务的需求是一种派生性的需求，而且是有弹性的。由于市场竞争激烈，加上运输成本构成项目多，难以准确计算，而且整个集装箱运输行业由工会组织，以合作的形式为基础，中远集团集装箱运输公司基于多方面的考虑，实行了差别定价的方法。也就是对于不同的市场采取不同的价格策略，实行不同的运价定位。一般而言，客户不同，运价就会不同，对于签约的关键客户实行优惠价格；对于未签约的客户，实行淡旺季的区别定价。

思考：

（1）你认为什么是物流产品的价格？

（2）结合案例说明中远集装箱运输公司的价格策略是什么？

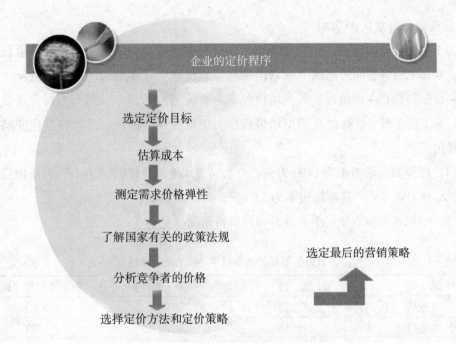

图 5 - 2　企业的定价程序

情境二　产品定价

【学　　时】6

【学习目标】掌握多种定价方法

【重点难点】灵活运用定价方法

【学习过程】

1. 教师讲解定价方法。

2. 让学生议一议古董、字画等商品的价格是由什么决定的。教师讲解需求导向定价法，让学生理解价值定价法、价值定价法和差异定价法。

3. 学生分组讨论案例。

【案例】根据财务部门提供的成本信息，"力力"利乐包豆奶的成本构成如下：

（1）厂部生产线提供上海地区 30% 的生产能力，每年可提供 1667 万盒（每盒 250 毫升）。

（2）分摊的固定费用为：① 月折旧费 20 万元、年折旧费 240 万元；② 月管理费用 13.33 万元，年管理费用 159.96 万元。

（3）单位产品的变动费用为（按目前市场价格计算）：① 豆浆、牛奶配方原料，1000 毫升 0.40 元；② 辅料费用，1000 毫升 0.24 元；③ 包装费用，每盒 0.10 元；④ 人工费用，每盒 0.10 元；⑤ 储运费用，每盒 0.07 元；⑥ 销售费用，每盒 0.08 元；

⑦ 考虑税金，每盒 0.06 元。

关于税金统计的说明。在实际单位价格计算中，税金指的是增值税。增值税是在产品成本加上目标利润的基础上乘以国家规定的税率所计算出的，单位价格 =（产品成本 + 目标利润）+ 增值税。我国增值税率一般确定为 17.1%，但有些行业还是有区别的。为了便于教学，在此我们把增值税作为固定统计的税金，统计在单位变动费用中。特作说明。

（4）经预测市场需求为 1400 万盒，总公司要求上海地区的"力力"利乐包豆奶净利润目标为 150 万元。商业加成率为 33%。

（5）市场部提供竞争对手产品的市场价格情况（见表 5 - 1）。

表 5 - 1　　　　　　　　　"力力"豆奶的竞争对手产品的市场价格

品　牌	品　种	容量（毫升）	市场零售价（元）
维他奶	维他奶	100	0.80
维他奶	维他奶	250	1.30
维他奶	麦精朱古力	250	1.30
正广和	都市奶	250	1.50
杨协成	豆奶	250	2.00
上海光明	巧克力牛奶	200	2.00
上海光明	纯鲜牛奶	200	2.00
上海光明	纯鲜牛奶	250	2.30

思考：

（1）小组认真阅读案例资料。为"力力"利乐包豆奶设计定价方案。

（2）对"力力"利乐包豆奶设计目标利润。

（3）根据所学知识制定有利竞争的定价方案。

4. 以小组为单位进行展示，相互交流。

情境三　定价策略

【学　　时】4

【学习目标】了解定价策略

【重点难点】正确选择定价策略

【学习过程】

1. 让学生说说三星手机、苹果手机的市场售价，教师讲解新产品定价策略。

2. 让学生看图回答问题，教师讲解心理定价策略，包括尾数定价策略、整数定价策略、招徕定价策略、习惯定价策略（如图 5 - 3、图 5 - 4、图 5 - 5 所示）。

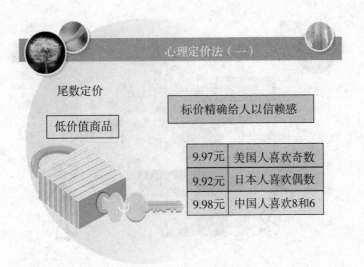

图 5-3　心理定价法（一）

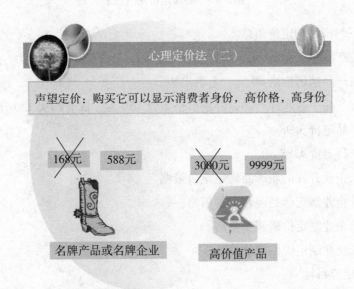

图 5-4　心理定价法（二）

3. 请学生举出现金折扣、数量折扣、功能折扣、季节折扣、推广折让、运费折扣的实例，讨论商家的价格促销活动，例如满 98 元送 100 元代金券，满 100 元减 50 元，满 450 元可以用 200 元电子红包等。教师进行汇总。

4. 教师提问：①某品牌产品在广州、北京、石家庄三个城市的售价一样吗？②为什么要在冬季买裙子，在夏季买羽绒服？这样划算吗？省钱吗？什么是机会成本？③为什么同品牌的衣服价格却不一样呢？教师讲解差别定价策略：因顾客不同而不同、因时间不同而不同、因地点不同而不同、因样式不同而不同。

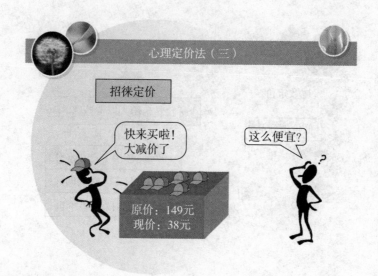

图 5-5　心理定价法（三）

5. 指出下列产品的定价策略。

（1）单位产品总成本 50 元，销售价 90 元。

（2）单位产品销售价格 60 元，七折出售。

（3）一套产品中有八件产品，分别价格累计 150 元，成套购买 130 元。

（4）某产品定价 3.98 元。

（5）某产品定价 1188 元。

6. 为背景企业开发的新产品确定定价策略。

7. 为背景企业制定产品组合定价策略。

8. 为背景企业制定价格调整策略。

9. 为背景企业制定价格竞争策略。

10. 选择定价目标。

11. 分析竞争者价格和产品。

12. 分析影响定价的要素。

13. 选择定价方法。

14. 确定背景企业产品的价格。

15. 以小组为单位进行展示、交流，教师点评。

实训任务考核

1. 请用自己的话来描述产品价格的构成。

_____

_____

_____

2. 影响产品价格的因素有哪些？

_____

_____

_____

3. 产品定价有哪些策略？

_____

_____

_____

4. 产品定价目标有哪些？

_____

_____

_____

实训任务总结

_____

_____

_____

_____

_____

_____

_____

_____

_____

☞ 考核标准

【情境一活动评价】

表 5 - 2　　　　　　　　　　　"认知价格构成"评分表

考评内容	能力评价			
	具体内容	分值	学生评分 (0.4)	教师评分 (0.6)
考评标准	价格构成	30		
	影响价格的因素	30		
	实际应用能力	30		
	团队展示	10		
合　计		100		

注：考评满分为 100 分，60~74 分为及格；75~84 分为良好；85 分以上为优秀

各组成绩

小组	分数	小组	分数

教师记录、点评：

【情境二活动评价】

表 5 - 3　　　　　　　　　　　"产品定价"评分表

考评内容	能力评价			
	具体内容	分值	学生评分 (0.4)	教师评分 (0.6)
考评标准	定价方法	30		
	定价方案	30		
	制定定价目标	30		
	团队展示	10		
合　计		100		

注：考评满分为 100 分，60~74 分为及格；75~84 分为良好；85 分以上为优秀

各组成绩

小组	分数	小组	分数

教师记录、点评：

【情境三活动评价】

表 5 − 4　　　　　　　　"定价策略" 评分表

考评内容	能力评价			
	具体内容	分值	学生评分 （0.4）	教师评分 （0.6）
考评标准	定价策略	30		
	案例分析能力	30		
	实际应用能力	30		
	团队展示	10		
合　计		100		

注：考评满分为100分，60~74分为及格；75~84分为良好；85分以上为优秀

各组成绩

小组	分数	小组	分数

教师记录、点评：

☞ 熟能生巧

在西方航空公司中，法国航空公司是首家开辟中国航线的公司。它在确定中国航线的机票价格时主要考虑了市场需求、竞争对手和服务内容三个方面。法航认为价格太高或太低都不能推动自身业务的发展，其原则就是必须为乘客提供最优质的服务。例如，北京—巴黎航线配备了可以个人独享的私人电视等，但是机票的价格并没有变化。法航认为市场的变化会以两种方式影响机票的价格：如果市场需求小，价格就有下降的趋势；反之，价格就会趋于稳定。例如，中国旅客到欧洲旅游主要集中于两个季节，冬季是从 11 月 1 日至第二年的 3 月 31 日，市场需求比较小；而夏季是从 4 月 1 日至 10 月 31 日，客流量始终都很大，所以冬季价格与夏季价格相比要低 10% 左右。

与法航相比，美国西北航空公司机票的种类比较多，飞往中国的机票的正常票价不受出票及旅行时间的限制，可以随时更改，而且退票无须交纳罚金。对于特殊机票，会受到诸如订座及改票、退票、旅行日期等因素的限制。机票的定价策略基本可以划分为五类：正常机票不受出票及旅行时间的限制，可随时更改，退票无罚金；特殊机票受到出票日期、订座舱位及改票、退票、旅行日期、季节等因素的限制；政府票价只适应于政府工作人员；军人票价只适应于现役军人；此外还有访美旅行者票价，只适应于短期访美乘客，而且需持有往返机票。

思考：

1. 什么是物流产品定价？有哪些基本的定价方法？
2. 法国航空公司为什么要根据季节不同对价格进行调整？调整的依据是什么？
3. 美国西北航空公司采取的是哪种定价策略？

项目六　促销策略

实训课任务一　促销活动

☞ **实训课程名称**

促销活动

☞ **实训课程学时**

理论 4 学时，实训 12 学时

☞ **实训学习目标**

知识目标 ✤▶

1. 掌握促销的方式，促销策略。
2. 理解推销三要素、推销理念。

能力目标 ✤▶

1. 通过分析案例及学习相关材料，培养把握促销及相关概念的能力。
2. 能够通过促销技能的锻炼，提升学生的自主学习能力。

☞ **实训学习方法**

多媒体讲授法、项目教学法、行动导向教学法

☞ **实训课程程序**

实训课程介绍 ✤▶

本次实训课任务旨在通过学习促销方式、促销策略，使学生掌握促销方式及组合

策略的方法和技巧，使其能够运用所学理论和方法进行产品促销，综合运用各种促销方式开展促销活动。

本次实训课任务包括两个学习情境：制定促销方案、促销活动。

实训任务说明 ✦➤

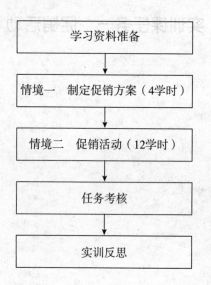

实训知识铺垫 ✦➤

一、促销的含义

促销（Promotion）是企业通过人力或非人力的方式，沟通企业与消费者之间的信息，引发、刺激消费者的消费欲望和兴趣，使其产生购买行为的活动。促销的核心是沟通信息。促销的目的是引发、刺激消费者产生购买行为。促销的方式有人员促销（销售人员、售货员）和非人员促销（广告宣传、公共关系、营业推广）两大类。

二、促销的作用

（1）传递信息，强化认知。

（2）突出特点，诱导需求。

（3）指导消费，扩大销售。

（4）形成偏爱，稳定销售。

三、推销的定义

推销是指在特定的环境下，推销员运用一定的方法和手段说服一定的推销对象接受一定的推销品，以实现预定目标的一种说服性活动。推销的本质属性是说服。

推销三要素：推销员、推销对象、推销品。

推销的职业特性：挑战性、刺激性、高回报。

四、推销员的现代工作理念

（1）使用价值理念。

（2）诚信理念。

（3）行动理念。

（4）双赢理念。

（5）创新理念。

（6）换位思考理念。

（7）持之以恒理念。

五、人员推销的流程

1. 确定推销对象

（1）寻找顾客线索：地毯法、顾客利用法、电信法等。

（2）顾客资格审查：漏斗原理（购买力、决策权、需要）。

（3）准顾客分类管理：二八定律、ABC 管理法。

2. 推销拜访准备

（1）调查推销对象的背景。

（2）制定拜访计划。

（3）推销预约。

3. 接近顾客的方式

可通过赞美、利益诱导、表演、产品展示、引荐、馈赠来接近顾客。

4. 推销洽谈

（1）推销洽谈的目标。

（2）推销洽谈的任务。

（3）推销说服过程。

5. 处理顾客异议

处理顾客异议的方法包括转折法、利用法、放过法、证据法、询问法、补偿法、充分削弱法、反驳法。

实训任务实施

情境一 制定促销方案

【学　　时】4

【学习目标】理解促销的作用、本质和概念

【重点难点】撰写促销方案

【学习过程】

1. 让学生说说见过哪些促销活动？效果如何？

2. 教师通过分析"爱我，就请我吃哈根达斯"和"戴安娜王妃"两大案例引出促销的概念。

3. 教师讲解促销的作用。

4. 教师讲解人员推销的含义、要素、本质、理念。

5. 制定促销方案。

【情境资料】随着竞争的加剧，针对消费者的促销活动在营销环节中的地位已越来越重要。据统计，国内企业的促销活动费用与广告费用之比达到6∶4，而节日的促销活动是企业和商家进行销售促进活动的最佳时机，每逢过节，各种促销活动层出不穷，你们公司为进一步巩固市场，提高销量，欲在五一期间针对消费者开展一次重大的促销活动。

要求：

（1）利用互联网查阅与本公司相关的促销活动资料。

（2）确定本次促销活动的主题、时间、地点和参与人员。

（3）各小组根据已选定的策划项目撰写产品促销策划方案。

（4）制作促销活动的PPT。

（5）各小组派代表讲述本小组的产品促销策划方案。

（6）教师对各小组的产品促销策划方案进行提问，并提出相应的修改意见。

（7）修改方案。

（8）上交修改后的产品促销策划方案。

情境二 促销活动

【学　　时】12

【学习目标】体验促销工作

【重点难点】促销策略的选择

【学习过程】

1. 筹资：每个小组成员出资，金额不限。

2. 进货：根据自己的情况进货。

3. 销售：在校内进行现场促销。

4. 记账：记录好所有往来账目。

5. 利润：总结本公司的销售额。

6. 感想：总结本次销售活动的感想。

7. 以小组为单位进行展示、交流，教师点评。

8. 撰写活动报告，上交备案。

实训任务考核

1. 我学会制定促销方案了吗？

_____

_____

_____

2. 促销的方式和策略有哪些？

_____

_____

_____

3. 宝供物流集团是国内第一家注册成立的物流企业集团，为了在物流业激烈的竞争中占得先机，宝供做了大量的社会性工作，如与北京工商大学合作，每年召开一次"物流技术与管理发展高级研讨会"；设立面向物流领域的公益性"宝供物流奖励基金"；每年出资 100 万元用于奖励对中国物流业发展做出贡献的团体和个人等。通过这些活动，宝供对自身进行了良好的促销和宣传。

（1）除了上述促销活动外，宝供物流还可以利用哪些促销手段？

（2）结合案例，谈谈你对物流产品促销活动的认识。

_____

_____

_____

_____

实训任务总结 ◆▸

_____

_____

_____

_____

_____

_____

_____

☞ **考核标准**

【情境一活动评价】

表 6 – 1   "制定促销方案" 评分表

考评内容	能力评价			
	具体内容	分值	学生评分 (0.4)	教师评分 (0.6)
考评标准	熟知促销方式	30		
	熟知促销策略	30		
	制定促销方案	30		
	团队展示	10		
合　计		100		

注：考评满分为 100 分，60～74 分为及格；75～84 分为良好；85 分以上为优秀

各组成绩				
小组	分数		小组	分数

教师记录、点评：

【情境二活动评价】

表6-2 **"促销活动"评分表**

考评内容	能力评价			
	具体内容	分值	学生评分 (0.4)	教师评分 (0.6)
考评标准	促销活动准备	20		
	促销活动展示	40		
	盈亏平衡表	30		
	团队展示	10		
合　计		100		

注：考评满分为100分，60～74分为及格；75～84分为良好；85分以上为优秀。

各组成绩			
小组	分数	小组	分数

教师记录、点评：

☞ 熟能生巧

全球快递业巨头联邦快递公司（FedEx）仅用25年的时间，在联合包裹服务公司（UPS）和美国运通公司等同行巨头的前后夹击下迅速成长壮大起来，发展成为在小件包裹速递、普通速递、非整车运输、集装箱调运管理系统等领域占据大量市场份额的行业领袖，并跃入世界500强的行列。

近两年来，FedEx的竞争力体现在Internet上构建的智能化运输管理系统。对于物流企业客户，FedEx的智能系统能与客户企业网实现无缝链接，或通过网页页面直接进入到客户物资运输系统中去。这样的结果是，任何公司都可以直接将FedEx庞大的空运阵容和陆地车队当作自己的运输资源；FedEx的智能系统告诉它们，一切最快并非一切最佳，明智的运输方案才是各种待运物资在运抵目的地总体等待时间最短或最实时的解决方案。

对于个人用户，FedEx 的网站的规范化作业流程能使它们更为方便地进行自我服务，可以接发订单、提交运输作业、包裹跟踪、搜集信息和生成账单等。在 FedEx 主页上最成功的服务案例是其在母亲节这一天为成千上万的家庭送上暖意融融的"FedEx 之盒"。因为这是全美各餐馆最繁忙的一天，但许多家庭却因临时找不到餐馆空位而驻足久等，或在一家一家的餐馆前徘徊。FedEx 就与全球最大的一家餐馆调查公司联手，运用其智能系统，根据各餐馆的座位、距离、家庭人数等情况编排出应该去哪家餐馆、选择哪个座位的计划，将其连同公司祝福一起放在著名的小盒中，递送到千家万户，真正体现了礼轻情意重的服务要旨。

思考：

1. 什么是促销策略？物流企业可以使用的促销策略有哪些？

2. 在本案例中 FedEx 使用的是哪一种促销策略？具体是如何做的？

3. 联系 FedEx 的具体情况，分析促销策略在物流营销中的意义。

实训课任务二　广告策划

☞ 实训课程名称

广告策划

☞ 实训课程学时

理论 4 学时，实训 12 学时

☞ 实训学习目标

知识目标 ✦➤

1. 了解广告的含义、功能、原则。

2. 理解广告创意、广告目标、广告诉求和广告策划。

能力目标 ✦➤

1. 能够运用所学知识对背景企业进行广告策划。

2. 开展广告策划活动，全面提升学生的说、写、做、思等能力。

☞ **实训学习方法**

多媒体讲授法、项目教学法、行动导向教学法

☞ **实训课程程序**

实训课程介绍 ✦▶

本次实训课任务旨在通过学习广告定义、功能、广告语、广告创意、广告诉求、广告表现，让学生知晓广告策划是企业运营中的一个重要环节，是企业销售产品、实现盈利的手段之一，是企业树立形象的重要方式。

本次实训课任务包括两个学习情境：广告创意训练、广告策划。

实训任务说明 ✦▶

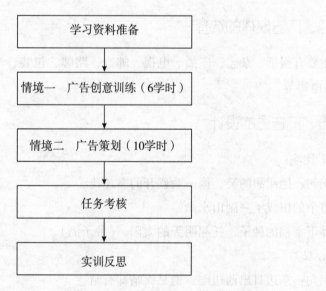

学习资料准备

情境一　广告创意训练（6学时）

情境二　广告策划（10学时）

任务考核

实训反思

实训知识铺垫 ✦▶

一、广告的定义

广告是指为了某种特定的需要，通过一定形式的媒体，公开而广泛地向公众传递信息的宣传手段。

二、广告的功能

（1）传递信息，沟通产需。

（2）刺激需求，促进销售。

（3）介绍产品，指导消费。

（4）提高企业信誉，树立产品形象。

三、广告的原则

（1）真实性。

（2）创造性。

（3）针对性。

（4）思想性。

（5）广泛性。

（6）成本性。

四、广告媒体的选择

主要有报纸、杂志、广播、电视、邮寄、路牌、包装、汽车、橱窗、张贴、网络、POP、电影等。

五、广告语的设计

1. 比喻

例句：她甜甜的笑，像一朵盛开的雪莲花。

整个的田成了一副山水画。

播下幸福的种子，托起明天的太阳。（种子酒）

2. 双关

例句：东边日出西边雨，道是无晴却有晴。

世上原本没有路，走的人多了，便有了路。

生活中离不开这口子。（口子酒）

第一流产品，为足下争光。（上海鞋油）

3. 顶真

例句：从前有座山，山上有座庙，庙里有个老和尚。

车到山前必有路，有路必有丰田车。

4. 引用

例句：车到山前必有路，有路必有丰田车。

何以解忧，唯有杜康。（杜康酒）

5. 夸张

例句：飞流直下三千尺，疑是银河落九天。

今年二十，明年十八。（白丽美容香皂）

6. 回环

例句：猪多肥多，肥多粮多，粮多猪多。

万家乐，乐万家。（万家乐电器）

中意冰箱，人人中意。（中意电器）

7. 对偶

例句：梅花香自苦寒来，宝剑锋自磨砺出。

高高兴兴上班去，平平安安回家来。（公益广告）

新春新意新鲜新趣，可喜可贺可口可乐。（可口可乐）

8. 对比

例句：有的人活着，他已经死了；有的人死了，他还活着。

新飞广告做得好，不如新飞冰箱好。（新飞电冰箱）

六、广告策划

1. 定义

（1）广告创意：是指通过独特的技术手法或巧妙的广告创作脚本，更突出体现产品特性和品牌内涵，并以此促进产品销售。

（2）广告诉求：是商品广告宣传中所要强调的内容，简称"卖点"。

2. 广告诉求目标

（1）广告诉求问题：新产品的利益点、潜在顾客、购买动机、诉求方式、媒体的选择、表达方式等。

（2）广告诉求层次：品牌知晓、品牌认知、品牌偏好、品牌行为、品牌忠诚。

（3）产品类型对诉求目标的影响。

（4）产品生命周期对诉求目标的影响。

3. 广告诉求对象

（1）广告诉求对象是产品的目标消费群体。

（2）广告信息接受习惯和心理。

4. 广告诉求方法

（1）感性诉求。

（2）理性诉求。

（3）情理结合诉求。

（4）暗示诉求。

（5）提高品牌回忆率。

实训任务实施 ◆▶

情境一　广告创意训练

【学　　时】6

【学习目标】掌握广告的理念、含义及广告制作

【重点难点】广告创意

【学习过程】

1. 让学生想一想自己见过的广告片，从而引出广告的定义。

2. 教师通过"双汇在天安门做广告"和"椰菜娃娃的领养活动"的案例与学生一起探讨广告在企业发展中的作用。

3. 请同学们说说见过哪些载体的广告，能记住哪些广告语。

4. 播放宝马汽车、耐克、阿迪达斯、雅虎等中外广告片，请同学们欣赏创意广告图片。

5. 创意训练。

（1）请口述童年时期你做出的最具有创造力或最幽默的一件事。

（2）请从下列意象中随意抽取三个，用独特的、有意义的话串联成短文。

飞鸟、向日葵、风筝、鱼、创可贴、刺猬、沙漠、书、风笛、玫瑰左岸、咖啡馆、派克笔、石头、伞、罗马表、郁金香、鹦鹉。

（3）请运用头脑风暴法从以下故事中挖掘出个人观点。

老虎和小孩

有一个小孩在山下玩耍，突然，从山上下来一只老虎，叼了小孩就向山上跑去。小孩大喊救命，可是四周无人，到山顶后，老虎没有马上吃掉小孩，小孩知道无人能救他，便看着老虎微笑，并且不停地抚摸老虎。一会儿，老虎就睡着了，小孩迅速地用山上的藤条把老虎的头捆到一棵树上，把老虎的尾巴捆到另一棵树上，然后拿起一根木棍，对准老虎的头狠狠地打了下去。老虎疼痛而醒，十分生气，跳起来想去咬小孩，可是绳子紧紧地勒住了脖子，老虎更生气了，狂怒地跳跃着想扑向小孩，可是绳

子越勒越紧，不一会儿，老虎就死了。

情境二 广告策划

【学　　时】10

【学习目标】掌握广告策划的流程

【重点难点】广告策划方案

【学习过程】

1. 根据背景企业目标市场情况及市场定位设定广告目标。

2. 你所策划的广告要向消费者诉求什么？向哪些消费者诉求？产品的特性是什么？

3. 确定广告的表现形式。

4. 确定广告信息的表达形式。

5. 为背景企业创作广告脚本。

6. 评价各种媒体在覆盖范围、频率和影响等方面的特性。

7. 确定背景企业广告的媒体组合。

8. 确定背景企业广告的媒体传播时序。

9. 评价背景企业广告的沟通效果。

10. 评价背景企业广告的销售效果。

11. 撰写广告策划文案。

实训任务考核

1. 你了解广告创意、广告诉求、广告表现了吗？

_____

_____

_____

_____

2. 广告策划的内容有哪些？广告策划的流程是什么？

_____

_____

_____

_____

3. 联想公司为了宣传自己的产品"联想电脑"，为了塑造更美好的企业形象，打出了一则广告："人类失去联想，世界将会怎样?"请你谈谈这则广告语的精妙之处。

_____

_____

_____

_____

_____

实训任务总结

_____

_____

_____

_____

_____

_____

_____

_____

☞ 考核标准

【情境一活动评价】

表6-3   "广告创意训练" 评分表

考评内容	能力评价			
	具体内容	分值	学生评分 (0.4)	教师评分 (0.6)
考评标准	广告创意	30		
	广告语	30		
	广告理念	30		
	团队展示	10		
合　计		100		

注：考评满分为100分，60~74分为及格；75~84分为良好；85分以上为优秀

各组成绩

小组	分数	小组	分数

教师记录、点评：

【情境二活动评价】

表 6-4　　　　　　　　　　"广告策划"评分表

考评内容	能力评价			
考评标准	具体内容	分值	学生评分 (0.4)	教师评分 (0.6)
	广告诉求	20		
	广告表现	20		
	广告策划	40		
	团队展示、PPT 制作	20		
合　　计		100		

注：考评满分为 100 分，60~74 分为及格；75~84 分为良好；85 分以上为优秀

各组成绩

小组	分数	小组	分数

教师记录、点评：

☞ **熟能生巧**

杨格是美国新墨西哥州高原地区一家苹果园的经营者，他的创新意识很强。每年的收获季节，杨格会将上好的苹果装箱发往各地，苹果箱上都会印上与众不同的广告："如果您对收到的苹果不满意，请您函告本人。苹果不必退回，货款照退不误。"这种广告具有巨大的吸引力，加上高原苹果味道鲜美，很少污染，深受顾客的青睐，每年都吸引了大批的买主。

可是，有一年高原上突然下了一次特大的冰雹，把结满枝桠的大红苹果打得遍体鳞伤。这时候，苹果已经订出了 9000 吨。面对满园伤痕累累、创伤严重的苹果，怎样才能避免惨重损失呢？

杨格来到苹果园，心事重重地踱着步子，踩得落叶沙沙作响。他俯下身子拾起一个打落在地上的苹果，揩了揩苹果上的泥，咬了一口，他竟意外地发现，被冰雹打过后的苹果，味道变得更加清香、醋浓爽口。

思考：假如你是杨格，会如何解决眼前的危机？

实训课任务三　　公关关系

☞ **实训课程名称**

公关关系

☞ **实训课程学时**

理论 4 学时，实训 12 学时

☞ **实训学习目标**

知识目标 ✦➡

1. 理解公共关系的含义和特征职能。
2. 掌握公共关系措施。

能力目标 ✦➡

1. 使学生能够运用多种公共措施为企业做好公共工作，锻炼其实践能力。

2. 面对公共危机，学生能够运用策略解除公共危机，提高处理突发问题的能力。

☞ **实训学习方法**

多媒体讲授法、项目教学法、行动导向教学法

☞ **实训课程程序**

实训课程介绍 ✦➤

本次实训课任务旨在通过学习公共关系含义、要素、特征、职能、措施，让学生知晓公关工作对企业的重要性，能够运用公关措施为企业服务。在实际工作中要具备处理突发事件的能力。

本次实训课任务包括两个学习情境：公关策划、公关危机。

实训任务说明 ✦➤

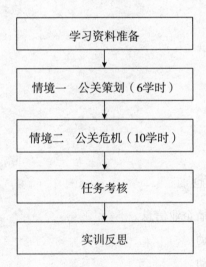

学习资料准备

↓

情境一　公关策划（6学时）

↓

情境二　公关危机（10学时）

↓

任务考核

↓

实训反思

实训知识铺垫 ✦➤

一、公共关系的定义

公共关系是企业在从事市场营销活动中正确处理企业与社会公众的关系，以便树立企业的良好形象，从而促进产品销售的一种活动。

公共关系是由组织、公众、传播三要素构成的。

公共关系的主体是社会组织，客体是社会公众，联结主体与客体的中介环节是信息传播。

二、公共关系的特征

（1）情感性。"天时、地利、人和"，公共关系就是要追求"人和"的境界，为组织的生存、发展或个人的活动创造最佳的软环境。

（2）双向性。公共关系是以真实为基础的双向沟通。

（3）广泛性。表现为：公共关系无处不在；公众具有相当的广泛性。

（4）整体性。公共关系的宗旨是使公众全面地了解自己，从而建立起自己的声誉和知名度。

（5）长期性。

三、公共关系的职能

公共关系的职能具体包括：塑造形象、协调关系、提高素质、优化环境。

四、公共关系的原则

（1）求真务实。

（2）真诚互惠。

（3）全员公关。

（4）遵纪守法。

（5）平时联络。

（6）不断创新。

五、公共关系的实施

（1）通过新闻媒介传播企业信息。

（2）参加各种社会活动。

（3）赞助各项公益活动。

（4）编写各种宣传资料。

（5）举办各种主题活动。

（6）借助公共广告。

六、公关危机

公关危机指影响组织生产经营活动的正常进行，对组织的生存、发展构成威胁，从而使组织形象遭受损失的某些突发事件。

七、公关危机的特征

（1）偶发性，即突然发生，人们毫无察觉。

（2）未知性，即未知因素，不可预测，它往往起初是潜伏着的，如安全隐患造成的火灾。

（3）不利性，即危机事件一旦发生，会使社会组织面临十分困难的局面，对社会组织的生存和发展产生极为不利的影响。

（4）严重性，即涉及面广，影响巨大，危害严重，甚至使社会组织遭到灭顶之灾。

（5）关注性，即危机事件常常成为社会舆论关注的焦点和热点。

（6）危害性，即危机事件一旦发生，往往在危害社会组织的同时，还会危害当事人及其亲属的心理和健康，给他们造成极大的伤害和痛苦。

（7）普遍性，即大到一个国家，小到一个企业，都可能发生危机事件。

八、公关危机的处理原则

处理公关危机应遵循以下原则：及时、诚恳、准确、冷静、全面、公正、灵活。

实训任务实施

情境一　公关策划

【学　　时】6

【学习目标】深入了解公共关系要素、职能、措施

【重点难点】公关策略的运用

【学习过程】

1. 播放海尔的公关活动视频，引出公关定义。

2. 通过奥运会、世博会及企业的公关活动的案例来分析公共关系的特征和职能。

3. 让学生查阅资料，搜集企业公共关系的实施情况。

4. 通过"苹果公关危机事件""大众公关危机事件"引出公关危机。

【情境资料】为了加强与公众之间的联络与沟通，你们公司拟在本年度组织系列公关活动，目的是增进相互了解与信任，树立企业形象。

（1）确定背景企业的公关目标。

（2）选择公共关系促销工具。

（3）模拟实施背景企业公关活动方案，实施中要注意做到统观全局、时时掌握进度、及时调整计划。

（4）按照一定指标评估公关活动效果。

情境二　公关危机

【学　　时】10

【学习目标】掌握处理公关危机的措施

【重点难点】如何处理公共危机

【学习过程】

1. 教师根据学生所成立公司的情况，设置公关危机情境。

2. 每个小组准备召开新闻发布会的材料。

3. 每个小组准备向其他公司提问的材料。

4. 召开新闻发布会。

5. 总结点评。

实训任务考核

1. 我具备解决公关危机的能力吗？

_____

_____

2. 公关措施有哪些？

_____

_____

3. 美国人际关系专家戴尔·卡耐基曾说：我们非常喜欢吃草莓和奶油。但是我发现，由于某些奇怪的原因，鱼却宁愿吃虫子。因此，当我钓鱼时，我不是想我喜欢吃什么，而是想它们喜欢吃什么，不想在鱼钩上放草莓和奶油作诱饵，而是挂上蠕虫或蚱蜢。当我们"钓人"时，为什么不运用这个常识呢？请从公共关系的角度谈谈你对这段话的理解。

_____

_____

实训任务总结

_____

_____

_____

_____

☞ **考核标准**

【情境一活动评价】

表 6 – 5   **"公关策划"评分表**

考评内容	能力评价			
考评标准	具体内容	分值	学生评分 (0.4)	教师评分 (0.6)
	公共关系职能	30		
	公共关系措施	30		
	公共策划方案	30		
	团队展示	10		
合　计		100		

注：考评满分为 100 分，60～74 分为及格；75～84 分为良好；85 分以上为优秀

各组成绩

小组	分数	小组	分数

教师记录、点评：

【情境二活动评价】

表 6 – 6   **"公关危机"评分表**

考评内容	能力评价			
考评标准	具体内容	分值	学生评分 (0.4)	教师评分 (0.6)
	处理公关危机的原则	20		
	现场应变能力	30		
	处理公关危机措施	30		
	团队展示	20		
合　计		100		

注：考评满分为 100 分，60～74 分为及格；75～84 分为良好；85 分以上为优秀

各组成绩			
小组	分数	小组	分数

教师记录、点评：

☞ 孰能生巧

2014 年 2 月 21 日，央视证券资讯频道执行总编辑兼首席新闻评论员钮文新发博文《取缔余额宝》，文中称，"余额宝是趴在银行身上的'吸血鬼'，典型的'金融寄生虫'。"

钮文新认为，余额宝冲击的是整个中国的经济安全。因为当余额宝和其前端的货币基金将 2% 的收益放入自己兜里，而将 4% ~6% 的收益分给成千上万的余额宝客户的时候，整个中国实体经济也就是最终的贷款客户将成为这一成本的最终埋单人。

2 月 22 日凌晨，支付宝官方发长微博《记一个难忘的周末》，以幽默回应。支付宝表示，余额宝加上增利宝，一年的管理费是 0.3%、托管费是 0.08%、销售服务费是 0.25%，利润只为 0.63%，除此之外再无费用。并对"吸血鬼"一说加以调侃，"老师您能别逗了吗？我查了下，2013 年上半年，16 家国内上市银行净利润总额达到 6191.7 亿元人民币，全年起码翻一番，12000 亿元？"

2 月 22 日，阿里小微金融服务集团首席战略官舒明称，即使与总规模约 10 万亿元的银行理财产品相比，货币市场基金也不到其总规模的十分之一。很难想象，规模如此之小的货币市场基金会对市场整体利率水平产生巨大的影响，会"严重干扰利率市场"。

2 月 23 日下午，证券时报记者对钮文新进行独家专访，他回应称，"我质疑的不是余额宝，而是类似于余额宝的这样一种商业模式。"钮文新认为，在判断对错之前，首先应该具备一个正义的、全社会的立场，而不是所谓狭义的"提高了老百姓收益"的问题。如果在商品市场或股票市场中出现类似的操纵行为，那无疑会得到几乎一致的指责，监管层也会迅速干涉。钮文新说，现在商业银行也在做类似的事，但这都是被逼无奈的。银行不这样做是"等死"，做了可能是"找死"。银行才是"钱"的最终经营者，因为有贷款在经营链条上，各种风险都包含其中。所以可以说，余额宝这样的模式是一种"金融寄生虫"。

思考：如何评价余额宝的这次危机公关？

实训课任务四 营业推广

☞ 实训课程名称

营业推广

☞ 实训课程学时

理论 4 学时，实训 12 学时

☞ 实训学习目标

知识目标 ✦

1. 掌握营业推广的方式以及企业形象展示的要素和方法。
2. 掌握营销礼仪的动作要领。

能力目标 ✦

1. 能够灵活运用营业推广模式，开展促销工作。
2. 提高学生的社交能力，塑造良好的企业员工形象。

☞ 实训学习方法

多媒体讲授法、项目教学法、行动导向教学法

☞ 实训课程程序

实训课程介绍 ✦

本次实训课任务旨在通过学习营业推广模式、营销礼仪、企业形象，让学生在营销工作中能够灵活运用营销模式，实现营业目标；训练学生营销礼仪基本动作要领，提升自身职业素养；掌握企业展示要素，树立企业形象。

本次实训课任务包括两个学习情境：营销礼仪展示、企业形象展示。

实训任务说明 ➡️

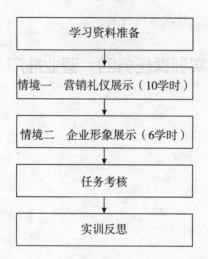

```
┌─────────────────────────────┐
│         学习资料准备          │
└─────────────────────────────┘
              ↓
┌─────────────────────────────┐
│  情境一  营销礼仪展示（10学时） │
└─────────────────────────────┘
              ↓
┌─────────────────────────────┐
│  情境二  企业形象展示（6学时）  │
└─────────────────────────────┘
              ↓
┌─────────────────────────────┐
│           任务考核            │
└─────────────────────────────┘
              ↓
┌─────────────────────────────┐
│           实训反思            │
└─────────────────────────────┘
```

实训知识铺垫 ➡️

一、营业推广的定义

营销推广是一种适宜于短期推销的促销方法，是企业为鼓励购买、销售商品和劳务而采取的除广告、公关和人员推销之外的所有企业营销活动的总称。

二、营业推广的作用

1. 正面作用

（1）可以吸引消费者购买。

（2）可以奖励品牌忠实者。

（3）可以实现企业营销目标。

2. 负面作用

（1）影响面较小。

（2）刺激强烈，但时效较短。

（3）顾客容易产生疑虑。

三、营业推广的方式

1. 对消费者的营业推广方式

赠送样品、购买奖酬、组合销售、试用品尝、有奖销售、赠送礼品、折价优待、以旧换新、廉价包装、抽奖、包退包换、义卖、现场演示、折价券、联合推广等。

2. 对中间商的营业推广方式

购货折扣、推销奖励、经销补贴、随购赠物、提供商品陈列设计、支付陈列津贴、推广资助、联营专柜、发放刊物、邮寄宣传品、举办展览会、举办博览会等。

3. 对推销人员的营业推广方式

推销竞赛、优胜重奖、高额补助、超额提成、红利、利润分成、精神鼓励等。

四、营业推广设计

（1）确定推广目标。

（2）选择推广工具。

（3）推广的配合安排。

（4）确定推广时机。

（5）确定推广期限。

实训任务实施

情境一 营销礼仪展示

【学　　时】10

【学习目标】学习基本营销礼仪，提升职业素养

【重点难点】营销礼仪的动作要领

【学习过程】

1. 让学生观摩营销礼仪的标准姿势。

2. 教师讲解营销礼仪的动作要领。

3. 教师指导学生练习营销礼仪。

4. 练习营销礼仪的基本动作。

5. 每10人左右为一组，设计本组礼仪展示流程。

6. 以小组为单位进行展示。

7. 拍片、录视频。

8. 组间互评，教师点评。

情境二 企业形象展示

【学　　时】6

【学习目标】掌握企业形象展示的要素和方法

【重点难点】企业形象展示

【学习过程】

1. 让学生观摩企业形象展示短片，谈谈企业形象展示的定义及要素。

2. 教师讲解企业形象展示方法。

3. 教师指导学生进行企业形象展示。

【情境资料】2013 年，河北省省会石家庄商业协会举办了"企业形象展示"活动，本次活动共有 20 家企业入围，你公司也在展示之列。为了更好地展示你公司的形象，你们要做好哪些准备工作呢？

4. 利用互联网收集资料。

5. 选取企业形象展示要素。

6. 确定企业形象展示方法。

7. 选取代表发言人。

8. 进行展示。

9. 组间互评，教师点评。

实训任务考核 ➕▷

1. 请用自己的话来描述四大促销方式。

_____

_____

_____

_____

2. 企业形象展示的要素和方法是什么？

_____

_____

_____

_____

3. 概述营销礼仪的内容和动作要领。

_____

_____

_____

_____

_____

实训任务总结 ✚

_____

_____

_____

_____

_____

_____

_____

_____

_____

_____

☞ **考核标准**

【情境一活动评价】

表 6 - 7   "营销礼仪展示"评分表

评分类别	评分标准	具体项目	分值	得分
站姿	站姿优美、到位，抬头、挺胸、收腹、提臀	身体姿态	5	
		脚步姿态	5	
		手部姿态	5	
		整体姿态	5	
着装	整洁、端庄、得体、协调、美观		10	
精神	微笑，精神饱满，神采奕奕，亲切甜美		10	
坐姿	入座轻稳，坐姿优美，上身笔直	落座姿态	5	
		身体姿态	5	
		脚步姿态	5	
		手部姿态	5	
		坐姿转换姿态	5	
走姿	动作协调，姿态优雅，步位准确，步频适度，眼睛平视，双肩平稳，两臂自然摆动	上身姿态	5	
		行走姿态	5	
		双臂摆动姿态	5	
设计	流程合理、内容完整		10	

【情境二活动评价】

表6-8   "企业形象展示"评分表

考评内容	企业形象展示			
考评标准	具体内容	分值	学生评分 (0.4)	教师评分 (0.6)
	企业形象展示要素	20		
	企业形象展示方法	20		
	解说	30		
	PPT制作	10		
	团队展示	20		
合　计		100		

注：考评满分为100分，60~74分为及格；75~84分为良好；85分以上为优秀

各组成绩			
小组	分数	小组	分数

教师记录、点评：

☞ **熟能生巧**

如果我们将要赴美国进行商务旅游，很可能会有这样一项内容的安排：参观美国西雅图市著名的派克鱼市公司。派克鱼市公司的创始人叫约翰·横山。直到1986年，约翰·横山已经努力工作了20年，他的目标只有一个，就是使自己在西雅图的一个小鱼摊的生意兴隆起来。可他就像许多小本生意人一样，一直维持着几个人的小公司，也谈不上什么成功。约翰再也按捺不住了，想把生意扩大，他便转向了渔业批发领域。可没想到，只一年的时间就几乎赔光了公司的老本。这时候，约翰·横山真是走到了生死抉择的十字路口。

一天，一个朋友建议他赶紧请个咨询师。他咬咬牙，花钱，请！谁也不知道咨询师能否拯救他的企业。咨询师吉姆每两周来公司组织大家开一次会，会上只做一件事

情：激发大家的斗志。吉姆帮助大家认识："我们需要一个远大的目标，一个更大的策略。"终于到了第三次会议时，约翰明白了："我们要成为举世闻名的！""我们可以影响彼此的生活，影响顾客的生活！"

约翰当然是百分之百地忠实于公司目标——要成为举世闻名的企业。但是，怎样才能使每一位员工都愿意为这个不同寻常的目标而付出呢？大家能不能始终保持不竭的动力去创造举世闻名的奇迹呢？

许多企业老板这时候可能会花费很多时间去教给员工如何干好工作，却很少去解释工作的重要目标是什么。但是在这里，每当新员工加入公司，从三个月的试用期开始就给他们提供分享"梦想"的机会——要举世闻名！这是一个融入公司文化很重要的培训。

许多公司会把大量的时间花费在寻找最优秀、最聪明、最有天分的应聘者身上，但是在这里，公司所要寻找的就是"志同道合"，并帮助员工看到自己在工作中的发展机会。

约翰每隔一周会与全体员工见一次面，一起共进晚餐，一起充分讨论"我们的目标"和怎样达到它。员工会踊跃地给出他们的见解、建议，从中，约翰和管理者、员工一起来调节工作方式，大家始终保持着一致的奋斗目标。尽管这样的"聚会"要耗费人力物力，但是约翰却把它看成是坚持"我们的目标"的重要步骤。

一晃又过去 20 年了。那个小小的鱼摊如今已经大名鼎鼎，很多来到美国的旅游者都会极有兴致地去派克鱼市逛逛，领略那美妙和开心的传送号子，享受那激发活力的工作气氛。

思考：结合本案例谈谈企业文化在企业发展中的作用。

项目七　认知营销渠道

本项目是在"物流市场营销"课程的基础上，结合前期已学课程，通过讲解分销渠道的基本概念和功能、影响渠道选择的因素、分销渠道的模式、分销渠道策略类型及决策依据的实践操作和训练，使学生掌握与提高销售渠道的选择能力、策划能力、开发能力及对渠道各环节的处理能力。

实训课任务　认知营销渠道

☞ **实训课程名称**

　认知营销渠道

☞ **实训课程学时**

　理论 8 学时，实训 8 学时

☞ **实训学习目标**

知识目标 ✦

1. 了解分销渠道的基本概念和功能。
2. 了解影响渠道选择的因素。
3. 熟悉分销渠道的模式。
4. 掌握分销渠道的策略类型及决策依据。
5. 了解零售商与批发商的特点。

能力目标 ✦

1. 体会渠道模式分析方法。
2. 领悟分销渠道决策技巧和产品实体分销技术。

3. 能运用渠道管理理论和策略，根据产品和市场情况，选择合适的销售渠道，并对其进行考评、激励和调整，具有销售渠道的选择能力、策划能力、开发能力及对渠道各环节的处理能力。

☞ 实训学习方法

自学（收集资料法、比较学习法、小组讨论法）、听讲学习（提问、总结、作业）、实操（小组展示法、头脑风暴法、案例分析法）

☞ 实训课程程序

实训课程介绍 ✦➤

本次实训课任务旨在让学生通过学习和讨论，了解和认识分销渠道相关知识与理论，熟悉分销渠道的概念、类型、策略。通过学习，学生可以体会渠道模式分析方法，领悟分销渠道决策技巧和产品实体分销技术，能运用渠道管理理论和策略，根据产品和市场情况，选择合适的销售渠道，并对其进行考评、激励和调整。

本次实训课任务分两个学习情境进行：说说分销渠道的概念与类型、分销渠道策略与决策。

实训任务说明 ✦➤

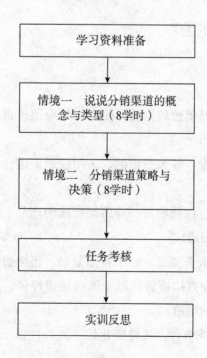

学习资料准备

↓

情境一　说说分销渠道的概念与类型（8学时）

↓

情境二　分销渠道策略与决策（8学时）

↓

任务考核

↓

实训反思

实训知识铺垫 ◆➤

一、分销渠道的概念

所谓分销渠道，是指产品由生产者向最终消费者流动所经过的途径或环节，或者说是指企业将产品传递给最终购买者的过程中所使用的各种中间商以及实体分配机构的集合。

二、分销渠道的职能

（1）信息：即收集制定计划和进行交换时所必需的信息。

（2）促销：即进行关于所供应的货物的说服性沟通。

（3）接洽：即寻找可能的购买者并与其进行沟通。

（4）配合：即使所供应的货物符合购买者需要，包括制造、评分、装配、包装等活动。

（5）谈判：即为了转移所供货物的所有权，而就其价格及有关条件达成最后协议。

（6）实体分销：即从事商品的运输、储存。

（7）融资：获得和使用资金。

（8）风险承担：即承担与从事渠道工作有关的全部风险。

三、影响分销渠道的因素

1. 顾客特性

2. 产品特性

（1）产品的单价。产品单价较高的，使用较短渠道或直接渠道；单价较低的，使用较长较宽的渠道。

（2）产品的体积和重量。体大量重的，采用较短渠道；体小量轻的，采用较长渠道，广泛分销。

（3）产品的自然属性。保质期短、易腐烂变质的产品、易碎产品等，采取较短渠道；反之，则可选择较长渠道。

（4）产品的技术性和服务要求。对于技术复杂、售后服务要求高的产品，应选择短且窄的渠道，也可由企业直接销售；对于那些通用性强、服务要求低、标准化产品的销售，则可采用长而宽的渠道。

（5）产品的时尚性和季节性。式样变化快、流行性强、季节性明显的产品；款式不易变化的产品，渠道可长些。

（6）产品的生命周期阶段。投入期的新产品，可采用较短、较窄的销售渠道；进入成长期和成熟期的产品，则可采用长且宽的渠道。

3. 企业特性

（1）企业的规模和实力。如果企业规模大，资本实力雄厚，信誉良好，控制渠道的能力就较强，可以自由地选择分销渠道；而那些规模小、资金有限、缺乏实力的企业，只能依赖中间商扩大销售。

（2）企业的管理能力和经验。企业具有较强的营销能力和经验，可以自己直接销售产品，因而渠道可短些，否则只有选择较长的渠道。

（3）企业控制渠道的愿望。有些企业为了有效地控制渠道，宁愿花费较大的直销费用，承担全部的市场风险，建立短而窄的渠道；也有一些企业可能并不希望控制渠道，则可采用长而宽的渠道。

（4）企业的产品组合情况。如果企业的产品组合比较深、比较宽，可以选择较短的渠道，直接向零售商销售；反之，则要选择较长的渠道。

4. 中间商特性

5. 竞争特性

6. 环境特性

（1）经济形势。在经济繁荣时，市场需求旺盛，企业可以选择最合适的渠道来进行销售；而当经济衰退时，市场需求下降，通货紧缩，这时企业应尽量减少不必要的流通环节，采用较短的渠道。

（2）国家的有关法规。对极少数关系国计民生的重要商品的销售，要受到有关法规的限制，根据有关政策法规的规定选用相应的销售渠道。

7. 市场因素

（1）目标市场范围的大小。市场范围大，潜在购买者多，宜采用长而宽的渠道。

（2）顾客的集中程度。消费者集中，可采用直接渠道，短渠道。

（3）竞争者所使用的销售渠道类型。一般宜采用与竞争者相同的渠道类型。

四、分销渠道类型

1. 根据生产者与消费者之间是否有中间商的介入可以划分为直接分销渠道和间接分销渠道

（1）直接分销渠道。直接分销渠道是生产者通过自己的销售人员或销售机构把商品直接销售给消费者或用户。直接分销渠道是没有中间商的介入、产销直接见面的分销方式。

（2）直接渠道的主要形式有上门推销、邮寄销售、电话销售、开设自销门市部、通过订货会或展销会与消费者直接签约供货等。

2. 根据中间环节层次的多少

按此分类可以划分为：长渠道与短渠道。分销渠道的长度是指产品流通过程中所经过的不同层次中间环节的多少。在产品从生产者转移到消费者的过程中，任何一个对产品拥有所有权或负有推销责任的机构，都是一个渠道层次。显然，产品流通所经过的中间环节越多，则渠道越长；反之，则越短。按照产品流转过程中所经过的中间环节层次的多少，分销渠道可以划分成以下几种模式：

（1）生产者—消费者。这种模式叫零级分销渠道或直接分销渠道，简称直销，指产品不经过任何中间环节，直接由生产者供应给消费者。它是一种最简便、最短小的渠道。

（2）生产者—零售商—消费者。这种模式叫一级渠道，也叫一层分销渠道，是指生产者和消费者之间只经过一个层次中间环节的分销渠道。在消费品市场上，这个中间环节通常是零售商，即由生产企业直接向零售商店供货，零售商再把商品转卖给消费者。

（3）生产者—批发商—零售商—消费者。这种模式叫二级渠道，是指在生产者与消费者之间经过两个层次的中间环节的分销渠道。这种渠道是消费品分销渠道中的传统模式，为大多数中小型企业所采用。大多数中小型企业生产的产品零星分散，需要批发商先将产品集中起来供应给零售商。一些小零售商进货零星，也不便于直接从生产企业进货，而需要从批发商处进货。所以大多数中小型生产企业和零售商都认为这是一种比较理想的分销渠道。

（4）生产者—代理商—零售商—消费者。这种模式也叫二级渠道，也是在生产者与消费者之间经过两个层次中间环节的分销渠道。与第三种模式的不同之处是代理商代替了批发商。与批发商不同的是，代理商一般都比较熟悉某类产品。许多生产企业为了大批量销售产品，通常通过代理商或经纪人，由他们把产品转卖给零售商，再由零售商销售给消费者。

（5）生产者—代理商—批发商—零售商—消费者。这种模式叫三级渠道，是指在生产者与消费者之间经过三个层次的中间环节的分销渠道。有些消费品技术性很强，又需广泛推销时，多采用这种分销渠道。近年来，在我国，贸易货栈、贸易信托公司、某些贸易中心等广泛开展的代营部分业务，就具有代理商的业务性质。

3. 根据生产者同一层次中间环节选用中间商的多少

按此分类可以划分为：宽渠道与窄渠道。分销渠道的宽度是指渠道的同一个层次中间环节使用同种类型中间商数目的多少。一般而言，按照渠道的宽窄，企业的分销

渠道可以分成三种模式:

(1) 密集性分销。是指企业尽可能多地通过许多负责任的批发商、零售商推销其产品。例如便利品通常采取这种策略,使广大消费者和用户能随时随地买到这些日用品,或生产资料中普遍使用的标准件小工具等的销售。

(2) 选择性分销。是指制造商在某一地区仅仅通过少数几个精心挑选的、最合式的中间商来推销其产品。这种形式对各类产品都适用,它比独家分销面宽,有利于扩大销路,开拓市场,展开竞争;比密集型分销又节省费用,并易于控制。渠道策略大都适用于一些选择性较强的日用消费品和专用性较强的零配件以及技术服务要求较高的商品的经营。

(3) 独家分销。是指制造商在某一地区仅仅选择一家中间商推销其产品,通常双方协商签订独家经销合同,规定经销商不得经营竞争者的产品,这样便于控制经销商的业务经营,调动其经营积极性,以有效占领市场。这种策略一般适用于新产品、名牌产品以及有某种特殊性能和用途的产品。

**实训任务实施**

情境一 说说分销渠道的概念与类型

【学　　时】8

【学习目标】掌握分销渠道的概念,使学生能够分析分销渠道的类型

【重点难点】分销渠道的类型

【学习过程】

1. 学生查询资料,学习相关知识,教师讲解。

(1) 分销渠道的概念。

(2) 分销渠道的职能。

(3) 分销渠道的影响因素。

(4) 分销渠道的类型。

2. 阅读案例,教师组织学生讨论什么是分销渠道以及分销渠道类型分析。

【案例】

海尔集团向全球拓展销售渠道

海尔集团实施3个1/3的经营战略(即1/3的产品在国内销售,1/3的产品销售到国外,1/3的产品在国外生产),没有销售渠道的保证显然是不行的。为此,"海尔"

尽力拓展销售渠道，到 1997 年年初，"海尔"在国内已拥有 8000 余个营销点，覆盖了所有一级、二级、三级市场。在国外 120 个国家和地区注册了自己的品牌商标，在 40 多个国家和地区都有专营商，专营商的总数已达 5879 个。

在 1997 年 2 月 18 日召开的德国科隆国际博览会上，"海尔"的冰箱、冷柜、空调器、洗衣机、微波炉、热水器等几十个品种的家电，吸引了世界各地 3000 多位客商，其中 320 多位当场签订了经销"海尔牌"各种家电产品的合同和意向书，他们中多数是第一次与"海尔"合作。

科隆博览会开幕的当天下午，海尔集团总裁张瑞敏向来自欧洲的 12 位"海尔"产品专营商颁发了"海尔产品专营证书"。这些经销商获得了海尔空调、冰箱等系列家电产品在德国、荷兰、意大利等欧洲国家的代理权。我国企业向外国经销商颁发产品专营证书，这在我国家电企业中还是第一家。这是"海尔"走向世界的扎扎实实的第一步。"海尔"产品终将成为西方人追求的"洋货"。

思考问题：

(1) 什么是分销渠道？海尔采取了什么样的产品分销策略？

(2) 这种分销策略有什么好处？

(3) 分析影响营销渠道的因素。

_____

_____

_____

_____

_____

_____

情境二　分销渠道策略与决策

【学　　时】8

【学习目标】掌握分销渠道策略类型及决策依据

【重点难点】重点：分销渠道策略类型

难点：对分销渠道进行科学合理的决策

【学习过程】

案例讲解：分销渠道策略类型及决策依据

【案例】

京美食品的困境

京美食品有限公司是一家著名的包装食品公司，销售京美牌系列的食品，从饼干、方便面到软饮料甚至调味品等。它在同行中颇有名气，是行业的重点大型企业。

该食品有限公司的前身是国营京美食品厂，是一家历史悠久的食品大厂，而京美公司的名气也主要来自这家产品风靡全国的大厂的声誉。

但是凡事都有利有弊。顺理成章，京美食品有限公司的几乎所有骨干人员全部来自京美食品厂，包括了所有的中层经理。上任京美公司的总经理吴志鸣就在卸任前感叹道："老厂的阴影一直伴随着这家新公司。我们习惯性地用经营京美食品厂的思维来经营京美有限公司。如果一个新产品看起来能带来公司销量的增长，我们就马上引进，但我们很少考虑到这个产品是不是能带来利润……我们总是认为丰厚的利润来自巨大的销售量，这种看法根深蒂固。"

现任产品经理赵峰就是这么想的，他已经在京美干了30多年："如果一个产品能够满足顾客需要，它就有销量，对不对？所以顾客需要什么样的食品，我们就应该生产什么样的食品，不管它是饼干、方便面还是汽水。"但是他同时也承认产品扩张也有经济上的考虑——京美下属的三十几个食品厂普遍存在开工不足的问题，如果增加新产品，往往能够利用闲置的生产力，而且随着销量的增大，成本也就随之降低了。

京美的销售原则很明确，那些要求经销京美品牌的商店必须同时经销京美全部系列的产品——它们有将近70种，而且经常不断扩大——这使得只有大型的商场和超市才能做到。实际上，京美几乎90%的销售都是通过这些大商场或超市实现的，而小规模的商店就无能为力了。对此，赵峰不以为然："我们知道只有大商场才有足够的地方储存和提供京美全系列的产品，但是这使得京美的品牌形象更加优秀，充满实力——我们的牌子从来不会和一些乱七八糟和伪劣产品混在一起。而且，大商场意味着什么？销量？! 顾客会觉得我们尽心为它们提供各种选择，这样就最大限度地提高了销量。"很多规模不够大的社区商店经常抱怨京美的这种政策，但是它们的意见一直被忽视，因为一家小商店对于京美的销售量来说，影响实在微乎其微。

1999年，由于相比其他发展迅速利润丰厚的竞争者，京美的利润销量比实在太小（销量5亿元，而毛利只有50万元），公司被迫改组。为了避免京美厂根深蒂固的影响，总经理杜薇是外聘的。卸任老总吴志鸣谈到失败时归咎于销售部门的不得力，主管销售的副总孙正回应说："这不是我们的错。我觉得老厂在20年前扩张时就有错误——它是增加产品数量的横向扩张，别人可都是纵向扩张，控制原材料和成品包装，这样可以更好地降低成本同时控制质量，所以别人的产品价格低却质量好，还有利润。"

最近，孙正又建议公司生产速冻食品，该系列的食品利润远高于现在公司经营的，但是杜薇仍然犹豫不决，因为她知道速冻食品的销量不会很大，而且需要很精确的时间管理，她拿不准预期的利润会不会实现。

思考问题：

（1）谈谈你对京美食品产品组合的看法。

（2）你认为京美食品在分销渠道的选择上有什么问题？

（3）从京美食品的起落中你得到的启示有哪些？

_____

_____

_____

2. 教师讲解分销渠道策略与选择依据。

（1）分销渠道策略

1）直接性营销渠道策略。上门推销、广告、电话直销、电视直销、邮购直销、网络直销等。

2）间直接性营销渠道策略。普遍性营销策略、专营性营销策略、选择性营销策略。

（2）物流分销渠道的选择

1）直接销售与间接销售的选择。如物流企业供应能力大、产品或服务项目销售面广、客户分散，企业没有能力将产品送到每一个顾客手中，这时只能选择间接销售渠道，反之就要选择直接销售。

2）分销渠道长度的选择。物流商在决定分销渠道长短时，应综合分析自身产品及服务的特点、技术含量、中间商的情况以及竞争者的特点，更为重要的是，要充分考虑到主要客户的需求，提高个性化服务能力。

3）分销渠道宽度的选择。广泛分销策略、选择性分销策略、独家分销策略。

4）县级以下城市物流分销渠道的设置。这类城市的客户处于物流分销网络的末端，其配送、运输、仓储等都不具有单元化作业的规模性。

3. 小组讨论。

【情境资料】在海尔集团总部的年度末的工作总结会议上，集团营销中心经理李超平指出："目前，各事业部在全国各大中城市的渠道上的发展及控制工作的成绩非常突出，尤其是海尔的专卖店和店中店，在许多同类产品的营销渠道中是极具特色和卓有成效的。但与此同时，考虑到家电市场的竞争日趋激烈，公司总部又提出了新的要求：一方面要在现有的基础上更好地巩固和扩展大中城市的销售量，另一方面要将部分市场力量投向逐步扩大的农村市场。总部的一份市场发展战略报告指出：在中国，广大农村市场具有很大潜力。中国的13亿人口中有9亿在农村，而目前农村的家电占有率很低。即使是在收入相对较高的胶东半岛，农村的冰箱占有率也只有25%，空调、洗农机的占有率更低。虽然在农村开发家电销售的前景十分广阔，但要真正拓开这一市场，一方面固然依赖于能提供更适合于农民需求和收入水平的优质产品，另一方面也对销售渠道提出了更高的要求。但目前海尔在中小城市特别是农村地区所建立的销售渠道很有限。显然，农村市场是海尔一定要努力争取的大市场，而如何建立一套合理的分销渠道则是这一市场能否取得成功的关键。"

主管营销的王副经理指出说："如果开拓新市场只是为了把更多的海尔产品卖出去而不能确保这部分用户得到海尔优质服务的承诺，那么这种新市场的拓展反而可能会损坏海尔多年来努力创造的品牌效应。对所有的消费者都提供百分之百满意的优质服务，这是海尔的承诺和经营理念之一。对某些市场（如农村地区），如果客观条件不允许，那我们宁可不做。要做的话，就必须寻找一种可行的有效办法，这也是我们这次开会的主要目的之一。"

以下是海尔集团现有的营销渠道现状报告：

经过十几年的拓展，海尔集团已在国内建立营销网点近 10000 个，海外营销网点近 10000 个。

在对海外市场的拓展方面，海尔集团没有简单地把自己的人派到国外去开拓市场，而是采取了直接利用国外经销商现有网络的方法。海尔在 31 个国家建立了经销网，拥有近 10000 个营销点，这就使海尔的产品可以随时进入世界上任何一个国家。

在国内市场，海尔将全国的城市按规模分为五个等级。一级：省会城市；二级：一般城市；三级：县级市、地区；四、五级：乡镇、农村地区。

其中在一级、二级市场上以店中店、海尔产品专柜为主，原则上不建立专卖店；在三级市场和部分二级市场建专卖店。海尔在全国建有近 1000 个专卖店，并计划在全国的乡、县城都要建立海尔专卖店。四级、五级网络主要面对农村，是一种二级、三级销售渠道的延伸。海尔鼓励各零售商主动开拓网点。

同时，完善的营销网络是保证星级售后服务承诺的基础。为了更好地向消费者兑现海尔的一级售后服务，也必须建立一套统一的营销网络。海尔与经销商、代理商的合作方式主要有店中店和专卖店，而这也是海尔营销渠道中颇具特色的两种形式。

海尔集团在全国有影响力的大店以及名店内开辟的"海尔店中店"，主要是致力于拓展全国市场销售的主渠道，在全国 40 个大中城市的大商厦中建起的海尔店中店、海尔电器园已达 100 余个，而有些商家自发建起的海尔店中店、电器园也数目可观。在海尔店中店里，集中展示、销售海尔系列产品，其售后服务更加完善。店中店的经理一般是由商场的经理或班组长兼任（个别情况下也可以外聘），其主要职责是负责日常的销售工作，同时必须按海尔的规定定期向地区营销中心提交发货明细等统计数据及汇总报表，并定期到地区营销中心接受经理培训及新产品培训。

在各店中店、电器园派驻直销员，是海尔对营销体系加强控制的一个典型做法。直销员是海尔在当地招聘的员工，直销员的主要职责是现场解答各种咨询和疑问，向顾客提供面对面的导购服务。由于海尔的产品更新非常频繁，派驻直销员可以向顾客及时讲解海尔最新的产品信息。

海尔集团通过对中国市场情况的调研和分析，将市场发展重心转向中小城市特别是农村市场，决定在农村市场及许多二级、三级市场以开设专卖店的形式销售海尔产品。

海尔在发展二级、三级农村市场初见成效的同时，也大胆地尝试了在大城市的新兴居民小区内开设专卖店。为了扩大海尔专卖店在当地的影响力，海尔集团营销中心通过一系列的工作对专卖店进行指导，从而为专卖店在当地扩大网络和销量发挥了极大的作用。为了提高专卖店经销海尔产品的积极性，集团营销中心还特意制定了海尔专卖店激励政策。从 1998 年 7 月初的试行情况来看，绝大多数专卖店都投入了极大的热情，积极性很高。专卖店在市场整体下滑的形势下，销售额仍保持了增长的势头，总销售额比 6 月份增长了 20%。海尔集团还采取各种措施鼓励所有的专卖店利用本身的便利条件向下属的乡镇和农村开拓新的营销网点。

从全国的专卖店运转情况来看，绝大多数专卖店都能以积极的态度面对竞争激烈的市场，销售额也是呈上升的趋势，知名度影响力也在逐步上升。但各地专卖店的发展很不均衡，主要存在以下一些问题：

首先，部分专卖店的保守意识比较强烈，不能主动走出去开拓市场网络，一味固守城镇，只等用户上门。其次，部分专卖店的依赖思想比较严重，在专卖店的促销活动、市场开拓方面一味依赖海尔各事业部去做，而不能主动根据当地的情况，针对具体市场的具体情况有的放矢。再次，部分专卖店缺乏对海尔文化的了解，不能按照海尔的标准要求进行管理，在售前和售中、售后均有未按要求执行的情况，甚至有的专卖店内摆入了非海尔的产品，以致给海尔的形象造成了极大的损害。因此，为加强对专卖店的监督和管理，海尔集团每年将对专卖店进行一次动态调整，不符合要求的将被取消专卖店资格。

海尔的市场实践表明，专卖店、店中店的形式为海尔产品的成功销售及品牌创立提供了极有利的支持。这种建立营销渠道的方式已被许多同类竞争产品所效仿。

在会上，各地营销中心的许多人也建议将这种渠道方式继续推广应用到新的市场中去。但令李经理担忧的是，这种方式是否真的适合继续维持下去并推广到农村地区？它的营销成本如何？是否能保证足够高的服务水平？如果可以沿袭这种运作方式，又应该如何去操作呢？

李经理认为，真正好的营销渠道必须充分考虑到各种分销方式的方便性、渠道的控制程度、市场拓展的效果和海尔品牌的效应。为此，他请与会者就这一原则和新的营销渠道策略的制定展开讨论。

请分析海尔的分销渠道：

（1）组长组织小组成员认真阅读并分析案例。

（2）选择分销渠道主要应考虑哪些基本要素？应如何加强营销渠道的控制？

（3）假设你是李经理，你将选择何种方式来扩展大城市郊区的新兴居民小区市场，并进一步向富有巨大潜力的农村市场进军？如果请你来经营一家专卖店，你会怎样做？

（4）小组成员运用渠道管理理论对背景资料中企业销售渠道情况进行全面分析，准备讨论发言提纲。

（5）讨论过程中每个人至少发言一次，每次发言不超过 3 分钟。欢迎发表不同见解，但最后必须就主题达成一致意见，即得出小组成员基本上共同认可的结论，并以充分的理由进行解释。

（6）讨论结束之前，每个小组选派一名同学代表本小组向全班汇报本小组的结论和理由。

（7）各小组进行汇报，每组时间不超过 5 分钟。小组选派代表汇报后，小组其他成员可做补充。

（8）教师进行总结、讲评。

项目考核

1. 请你为以下产品设计分销渠道。

化妆品、报纸、刊物、机床、钻石、洗衣粉、皮尔·卡丹服装

_____

_____

_____

2. 耐克在六种不同类型的商店中销售其生产的运动鞋和运动衣，分析耐克分销渠道的类型。

（1）体育用品专卖店，如高尔夫职业选手用品商店。

_____

_____

_____

（2）大众体育用品商店，供应许多不同样式的耐克产品。

_____

_____

（3）百货商店，集中销售最新样式的耐克产品。

_____

_____

（4）大型综合商场，仅销售折扣款式。

_____

_____

（5）耐克产品零售商店，设在大城市中的耐克城，供应耐克的全部产品，重点是销售最新款式。

_____

_____

（6）工厂的门市零售店，销售的大部分是二手货和存货。

_____

_____

实训任务总结

_____

_____

_____

_____

_____

_____

_____

_____

_____

_____

_____

_____

☞ **考核标准**

【情境一活动评价】

表 7 – 1 **"说说分销渠道的概念与类型"评分表**

考评内容	能力评价			
考评标准	具体内容	分值	学生评分 （0.4）	教师评分 （0.6）
	问题分析准确	40		
	分销渠道概念	25		
	分销渠道类型	15		
	团队合作意识强	20		
合　计		100		

注：考评满分为 100 分，60～74 分为及格；75～84 分为良好；85 分以上为优秀

各组成绩					
小组	分数	小组	分数	小组	分数

教师记录、点评：

【情境二活动评价】

表 7 – 2 **"分销渠道策略与决策"评分表**

考评内容	能力评价			
考评标准	具体内容	分值	学生评分 （0.4）	教师评分 （0.6）
	分销渠道策略	20		
	分销渠道决策	20		
	团队合作	20		
	案例分析	40		
合　计		100		

注：考评满分为 100 分，60～74 分为及格；75～84 分为良好；85 分以上为优秀

各组成绩					
小组	分数	小组	分数	小组	分数

教师记录、点评：

☞ **熟能生巧**

"点、线、面"是分销渠道布局的普遍方法。某物流公司的国际战略正是这一方法应用的实例。其国际战略思想是：先在海外市场建立营业据点，并用线把据点连成渠道，最后围成一定的势力范围，并逐渐使之充实扩大。具体分为三个阶段。

第一阶段，从公司成立到20世纪50年代初期。其经营的重点是向海外扩展营业据点。某公司以美国的母公司为中心，向欧洲扩展营业据点，确立未来海外经营的基地。

第二阶段，从20世纪50年代初期至70年代中期，某公司致力于将海外的分散型据点连成线，形成地域性经营渠道，实现规模经济。具体表现是：已经壮大的海外经营企业一律分设独立的海外子公司，如日本的子公司、法国的子公司等。公司的总部成立了世界贸易公司，统一管理海外资产。这一时期，某公司的竞争战略选择了海外市场渗透战略，也就是本土化。在各地的子公司的基础上逐渐伸展，形成了互为依托的经营渠道。利用规模经济的优势，以定价策略为利器，击败了当地的竞争对手。

第三阶段，从20世纪70年代中期至今，某公司开始了实施国际化战略的展开时期，将地域性战略连成片，构成全球性的经营网络。以国际贸易公司为中心的某公司的世界战略，以当地的高度融合战略为基础，从全球观点出发，向当地传递世界情报，形成世界市场的统一战略。某公司还对组织机构进行调整，划分出美国、欧洲圈、亚洲圈三个部分。同时，为了保持企业活力，某公司积极推动分权化改革。

某公司在向世界性企业成长的过程中，正是通过建点、连线和布面三个阶段，实现了在地区化经营基础上的全球统一战略。

思考：

1. 某公司分销渠道的特点是什么？

2. 某公司选择了什么样的分销渠道系统？

3. 某公司是如何进行分销渠道设计与管理的？

_____

_____

_____

_____

_____

_____

_____

_____

_____

_____

_____

_____

_____

_____

_____

项目八　认知物流客户服务

本实训是在"物流市场营销"课程的基础上，结合前期已学课程，通过明确物流客户服务的内涵与内容，正确判断优质服务的表现，形成物流客户服务简单认知，树立以客户为中心的服务理念。

实训课任务一　认知物流客户服务

☞ 实训课程名称

认知物流客户服务

☞ 实训课程学时

理论 2 学时，实训 4 学时

☞ 实训学习目标

正确理解物流客户服务的内涵。

能力目标 ✦➤

1. 能表述物流客户的内涵。
2. 能正确判断优质服务的表现。
3. 树立以客户为中心的服务理念。

☞ 实训学习方法

自学（收集资料法、比较学习法、小组讨论法）、听讲学习（提问、总结、作业）、实操（小组展示法、头脑风暴法、案例分析法）

☞ **实训课程程序**

实训课程介绍 ✦▶

本次实训课任务旨在让学生通过学习和思考，正确理解物流客户服务的内涵，能正确判断优质服务的表现，树立以客户为中心的服务理念。

本次实训课任务设置情境为认知物流客户服务。

实训任务说明 ✦▶

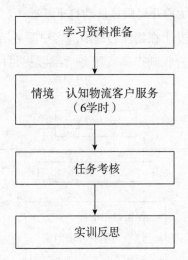

```
┌─────────────────────┐
│    学习资料准备       │
└─────────┬───────────┘
          ↓
┌─────────────────────┐
│ 情境  认知物流客户服务 │
│      （6学时）       │
└─────────┬───────────┘
          ↓
┌─────────────────────┐
│     任务考核         │
└─────────┬───────────┘
          ↓
┌─────────────────────┐
│     实训反思         │
└─────────────────────┘
```

实训知识铺垫 ✦▶

一、物流客户服务的内涵

物流客户服务是指物流企业为他人的物流需求提供的一切物流活动。

1. 物流客户服务的特点

物流客户服务是驱动供应链物流的动力，也是整个物流体系设计和运作的必要组成部分，其特点主要有：

（1）物流客户服务是为了满足客户需求所进行的一项特殊工作，并且是典型的客户服务活动。其内容包括：订单处理、技术培训、处理客户投诉、服务咨询等。

（2）物流客户服务具有一整套业绩评价。它包含以下内容：产品可得性评价、存货的百分比、无货损百分比、订货周期和可靠性评价、从客户订货到送货的时间、仓库备货时间、仓库收到的订单与发货的百分比、仓库在规定的时间内把订货送达客户的百分比、最低订货数量、服务系统的灵活性评价、特快发货或延迟发货的可能性、订货的便利性及灵活性等。

2. 物流客户服务的作用

（1）物流客户服务水平对企业经营绩效有直接影响。

（2）物流客户服务方式的选择对降低成本具有重要意义。

（3）物流客户服务是差别化营销的重要方式。

（4）物流客户服务是建立企业战略联盟的重要手段。

3. 物流客户服务的要素（如图 8 - 1 所示）

（1）交易前要素：直接影响客户对企业及其产品或服务的初始印象，优良的交易前要素将为物流企业稳定持续地开展服务活动打下基础。

（2）交易中要素：直接发生在物流过程中的客户服务活动。

（3）交易后要素：在客户收到产品或服务后继续提供的服务，对提高客户满意度和留住客户非常重要。

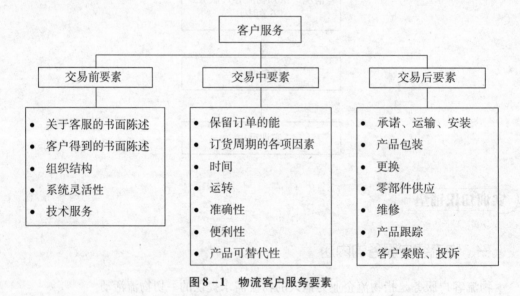

图 8 - 1　物流客户服务要素

二、物流客户服务的内容

客户服务是物流企业最关键的业务内容，是企业的赢利来源，必须积极主动地处理客户各种不同类型的信息咨询、订单执行查询、投诉及高质量的现场服务等。

1. 核心服务——订单服务

2. 基础服务——储存、运输与配送服务

3. 辅助服务——包装与流通加工服务

4. 增值服务——延伸服务

三、正确认识物流客户服务对象——客户

1. 物流客户

物流客户就是指物流公司所有的服务对象（公司股东、雇员、顾客、合作者、社区的居民）。物流客户是物流企业的动力，是物流企业的利润来源。

（1）物流客户不全是产品或服务的最终接受者。处于物流供应链下游的企业是上游的客户，他们可能是物流商、批发商和零售商，而最终消费产品和服务的自然人或机构法人则是用户。

（2）物流客户不一定是用户。处于物流供应链下游的批发商、零售商是生产商的客户，只有当他们消费这些产品和服务时，他们才是用户。

（3）物流客户不一定局限在物流企业之外，内部上下游客户的地位日益引起重视。从供应链角度分析，物流企业内部上下流程也存在服务与被服务的关系，即物流企业内部下游是上游的服务客户。内部客户使企业的服务链无缝连接起来。长时间以来，人们习惯性认为企业内部各部门或供应链上下游企业是平行关系或合作关系，把关注点主要放在了外部客户上，从而淡化了内部服务意识，造成物流客户服务内外脱节，不能落实。

2. 物流客户的分类

通过客户分类，物流企业可以有效使用现有资源，扩展服务范围，尽量满足广大客户的需求，同时根据客户特色提供个性化的服务。常见的物流客户分类方式有以下几种：

（1）按时间进行分类

1）过去型客户：过去曾经购买过物流企业服务的人。

2）现在型客户：就是指正在进行交易的人。

3）未来型客户：将来有可能会购买物流企业服务的人。

（2）按所处地理位置进行分类

1）内部客户：指物流企业或整个供应链系统的上下游客户。

2）外部客户：指物流企业之外的客户。

（3）按市场营销角度进行分类

1）经济型客户：图"便宜"，这样的客户只关心物流公司提供服务的价格。

2）道德型客户：社会责任感强的企业，客户忠诚度高。一旦取得这样的客户，就能建立起长期的合作关系，但物流企业必须管理正规，运作有效。

3）个性化客户：这类客户一般要求物流企业可以提供个性化的服务。

4）方便型客户：这类客户选择的重要标准是"方便"，物流企业在与这类客户沟通过程中，尽量一次性要求客户提供相关资料，切忌频繁与客户沟通，以免引起客户反感。

（4）从物流客户角度进行分类

1）常规客户：这类客户主要希望从物流企业那里获得直接好处，获得满意的客户价值。他们是上面所介绍的经济型客户，追求实惠。这类客户占到客户总量的80%，但给企业带来的利润仅占5%。

2）合适客户：这类客户希望从物流企业的关系中增加价值，从而获得附加的收益，是物流企业与客户关系的核心。这类客户占企业客户数的15%，并能创造15%左右的利润。

3）关键客户：这类客户除希望从物流企业那里获得直接利益外，还希望获得其他间接利益，从而实现精神需求。这类客户是企业稳定的客户，占客户的5%，但企业80%左右的利润来自于他们。

四、物流企业的客户服务理念

1. 服务的四个层次（如图8-2所示）

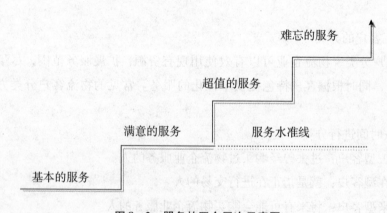

图8-2　服务的四个层次示意图

服务可以分为四个层次：基本的服务、满意的服务、超值的服务和难忘的服务。

（1）所谓基本的服务，例如客户要求送一批货，付款后公司送货完成，互不相欠，这时候顾客的基本物质价值利益得到满足，这就是基本的服务。

（2）所谓满意的服务就是提供服务的商家态度友善，使得客户得到精神方面的满足，比如客户来公司参观，前台服务人员对客户殷勤问候、热情招待，语气很友善，态度很友好，这就是满意的服务。

（3）所谓超值的服务是指具有附加值的服务，指那些可提供可不提供，但是提供了之后能够使客户更加满意，觉得有更大的收获的服务。

（4）所谓难忘的服务是指客户根本就未曾想得到的，远远超出其预料的服务。

服务的水准线应该是满意的服务，因为优质的服务不但要满足客户物质上的需求，还要满足客户精神上的需求。

2. 树立以客户为中心的物流服务理念

（1）以客户需求为导向

物流客户的需求主要包括：对经济的需求，对价格的参与需求，对物流信息的需求，对速度、准确、质量等要素的需求，对情感上获得理解和认同的需求。物流企业的客户包括厂商、批发零售商及最终客户等各个群体（如图 8-3 所示），物流企业为这些不同类型的客户群体提供各种运输、储运、流通加工、信息咨询等服务。客服人员如果能够认识到这些客户的需求，并以此作为改善自身服务的依据，终会得到客户的认可和满意。

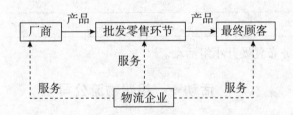

图 8-3 物流企业客户服务示意图

（2）树立"客户至上"的理念，建立有效的物流客户管理制度

物流企业要获得客户，首先要树立"客户至上"的理念，并为此制定完善的物流服务管理制度，建立一套行之有效的物流客服体系。如海川物流公司的"顾客至上，锐意进取"、德邦物流公司"品质第一，服务至上"的经营理念等，都体现了物流企业对客户服务的理解与认识。

实训任务实施

情境 认知物流客户服务

【学　时】5

【学习目标】体会物流客户分类与物流客户服务内涵，能够领悟优质服务的含义

【重点难点】树立以客户为中心的服务理念

【学习过程】

1. 学生查询资料学习相关知识，教师讲解。

（1）什么是物流客户服务？

（2）优质的物流客户服务有哪些特征？

（3）物流客户有哪些分类？

（4）如何树立以客户为中心的服务理念？

2. 教师设置情境资料，小组讨论分析。

2012年9月，张同应聘到利达物流公司客户服务部门工作。利达物流公司为了提高服务质量，在招聘时非常重视挑选合适的人，要求客服人员必须经过严格的培训后才能为顾客服务，同时通过投诉系统来调研、追踪和掌握顾客感受，适时调整服务方式。利达公司的严格管理使得张同在培训过程中很辛苦，也很紧张。他马上就要面临培训考核了。

请模拟利达物流公司培训考核现场，完成对物流客户服务的认知工作。

_____

_____

_____

3. 小组按照任务布置展开小组活动。

活动一　组建物流公司

活动步骤：

（1）成立小组，组建物流公司。

（2）设计物流公司名称、LOGO及公司经营理念。

（3）起草公司简介。

活动二　模拟利达物流公司培训考核现场

活动步骤：

（1）各小组分角色扮演利达物流公司董事长、人事部经理、培训部经理、客服经理、张同。

（2）布置场地，使之适合现场考核展示。

（3）抽签，每个小组分考核团和被考核人张同两部分。考核团抽取其他小组的"被考核人张同"进行活动。

（4）活动开展：

1）培训部经理宣布培训考核开始。

2）作为物流公司客服人员，张同做自我介绍。

3）人事部经理介绍利达公司。

4）张同进行公司客服工作介绍。

5）现场答辩（各考核团可根据本任务内容自行设置考题）

（5）小组自评，组间互评与教师点评。

项目考核

2012 年 11 月 11 日，淘宝、天猫"双 11"活动创造了电商 191 亿元的销售神话。也是这一天，物流体系却面临了严重挑战。与淘宝达成协议的物流快递企业，尽管事先预计到销量递增，各总部紧急部署调集快递人员紧急备战，但仍无法摆脱爆仓的困境，一时间大量的货品积压，消费者怨声载道。请分析目前物流服务对企业的服务能力如何？下一步该如何做？

实训任务总结

☞ 考核标准

【情境活动评价】

表 8 – 1 　　　　　　　　　　"认知物流客户服务"评分表

考评内容	能力评价			
	具体内容	分值	学生评分 (0.4)	教师评分 (0.6)
考评标准	物流客户服务内容	15		
	组建物流团队	30		
	成立物流公司	40		
	团队合作	15		
合　　计		100		

注：考评满分为100分，60~74分为及格；75~84分为良好；85分以上为优秀

各组成绩					
小组	分数	小组	分数	小组	分数

教师记录、点评：

☞ 熟能生巧

1. "顾客永远是对的""如果顾客恰好错了，请参照第一条"，你认为这句话对吗？

_____

_____

_____

_____

_____

2. 王珊从京东商城购买了一个三星手机充电器，她得到了以下一系列的服务。

（1）安全、快捷、准确地到达目的地。

（2）快递公司投递员联系王珊，礼貌致电："您好！请问您是王珊女士吗？我这里有您的快件，您在家吗？"

（3）在确定王珊在家后，投递员将货物送到王珊手上，并提醒说："请您查看下货品是否完好"，王珊检查完货品后，在投递单上签字。

（4）投递员完成投递工作后，礼貌告别。当天下午，快递公司客服部致电王珊，问询对该公司快递是否满意，王珊感到很高兴，并主动问询快递电话以备以后有快递业务依然使用该家快递公司。

请问，你能判断出这些服务分别属于哪一个层次的服务吗？

基本的服务　　满意的服务　　超值的服务　　难忘的服务

实训课任务二　订单业务处理

☞ **实训课程名称**

订单业务处理

☞ **实训课程学时**

理论 2 学时，实训 4 学时

☞ **实训学习目标**

知识目标 ✦➤

1. 掌握物流行业客户服务基本礼仪和用语。
2. 熟悉客户业务处理流程。

能力目标 ✦➤

1. 能表述前台订单业务处理流程、电话业务处理流程、网上业务受理流程和订单查询业务流程。
2. 能够灵活运用客户业务处理要点。

☞ **实训学习方法**

自学（收集资料法、比较学习法、小组讨论法）、听讲学习（提问、总结、作业）、实操（小组展示法、头脑风暴法、案例分析法）

☞ **实训课程程序**

实训课程介绍 ✦➤

本次实训课任务旨在让学生通过学习和思考，深刻体会物流行业客户服务基本礼仪和用语，能够正确依据客户业务处理流程来完成业务受理工作，满足客户需求。

本次实训课任务设置情境为订单业务处理。

实训任务说明 ➕➤

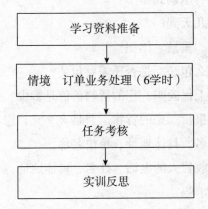

实训知识铺垫 ➕➤

一、前台订单业务处理

1. 前台客服人员的工作任务

（1）受理员的工作

（2）总机员的工作

2. 受理员语言规范及受理流程

（1）发货业务处理程序

1）请问您的货物要发到什么地方？发门到门还是门到港？

2）请问您的货物的名称、件数、重量、体积？

3）请问您的货物是什么包装，是否还需要其他包装？

4）请问您的货物需要上保险吗？

5）请您稍等，我给您报价。您的货物运费是××元，您认为可以吗？

6）请问您的姓名、单位及联系方式？

7）请问您收货人的姓名、地址、单位及联系方式？

8）我们什么时间取货方便呢？

9）请您交订金，我们的司机师傅取货时会带一张收据，请您准备好零钱，交给我们的师傅就可以了，余下的款项多退少补，发货后一周内我们开具发票上门结账。

10）请问您还有其他要求吗？

11）如果您有变化，或其他服务，可以直接找我，我的工号为×××，先生/女士，再见。

（2）异地调货业务处理程序

1）请问您的货物要从哪里调到哪里？

2）请问您的货物需要几天到门？

3）请问您的货物件数、重量、体积？

4）请问您的货物是什么包装？是否还需要包装？

5）请问您的货物需要上保险吗？您的货物价值是多少？

6）请您稍等，我给您报价。您的货物运费是××元，您看可以吗？

7）请问您的电话、姓名、具体地址、单位名称？

8）请问您取货人或者收货人的电话、姓名、具体地址、单位名称？

9）请问您还有其他要求吗？

10）那么我们什么时间方便到取货地址取货呢？

11）请问您此次异地调货的全部费用由哪一方结算呢？

12）如果您有变化，或其他服务，可以直接找我，我的工号为×××，先生/女士，再见。

（3）提送货业务处理程序

1）请问您的货物在哪个货场？

2）请问您的货物件数、重量和体积？

3）请问您的货物送到什么地方？

4）请问您那里有电梯吗？

5）请您稍等，我给您报价：您的货物运费是××元，货场运费实报实销，您看可以吗？

6）请问您的包裹票号是多少？货物的发站是哪里？

7）请问您的货物发出时间及到达时间？

8）请问您的姓名、单位、具体地址、联系方式？

9）请问您的货物价值是多少？需要上保险吗？

10）如果您有变化，或其他服务，可以直接找我，我的工号为×××，先生/女士，再见。

（4）市内派送业务受理程序

1）请问您需要订哪种车型？（并报出公司车型类别）

2）请问您的货物的名称、件数、重量、体积？

3）请问您的货物是什么包装？是否还需要其他包装？

4）请问您的货物从哪里送到哪里，有楼层吗？需要搬运工吗？

5）请您稍等，我给您报价。您的货物运费是××元，您认为可以吗？

6）请问您的姓名、单位及联系方式？

7）请问您收货人的姓名、地址、单位、联系方式？

8）我们什么时间取货方便呢？

9）请问您是否随车同行？

10）请问您还有其他要求吗？

11）如果您有变化，或其他服务，可以直接找我，我的工号为×××，先生/女士，再见。

（5）长途派送业务受理程序

1）请问您需要订哪种车型？（并报出公司车型类别）

2）请问您的货物件数、重量、体积？

3）请问您的货物需要几天到达？（核算日公里数是否可以到达）

4）请问您的货物需要送到外阜的哪个地方？需要搬运工装车吗？

5）请问您的货物需要保险吗？您的货物声明价值是多少？

6）请问您的货物需要等候或回程吗？

7）请您稍等，我给您报价。您的货物此次运输的费用是××元，您看可以吗？（包括车运费、搬运费、保险费、等候费、回程费等）

8）请问您的单位和具体地址？

9）请问您的电话号码，还有其他联系方式吗？

10）请问您收货人的姓名、地址和联系方式？

11）请问您货物的详细清单、外包装？

12）请问您的货物是否需要车内固定？（考虑天气、路况是否可以按客人指定时间送达）

13）如果您需要本公司服务，可以直接找我，我的工号为×××，先生/女士，再见。

（6）长途巡展业务受理程序

1）请问您需要订哪种车型？（并报出公司车型类别）

2）请问您的货物的详细清单、具体的名称、件数、重量、体积？

3）请问您的货物是什么包装？是否还需要其他外包装？

4）请问您需要巡展的城市、巡展的时间安排、在某个城市需要等待的时间、具体的路线安排？

5）请问您的货物到达每个城市后，是否需要我们布展、撤展？需要几个工人？

6）请问您的货物需要上保险吗？货物的声明价值是多少？

7）请您稍等，我给您报价。您的货物此次运输的费用是××元，您认为可以吗？

8）请问您的姓名、单位及联系方式？

9）请问您收货人的姓名、地址、单位、联系方式？

10）我们什么时间取货方便呢？

11）请问您还有其他要求吗？

12）如果您有变化，或其他服务，可以直接找我，我的工号为×××，先生/女士，再见。

3. 正确填写工作单

二、电话业务处理

1. 前台业务客服人员的电话礼仪

2. 电话业务受理类型及规定

3. 电话订单业务受理流程

三、网上业务受理流程

1. 客户通过公司的网站进行下单

2. 公司的网站后台处理顾客订单的流程

四、订单查询业务

1. 呼叫中心的工作范围

2. 查询专员岗位职责和操作规范

实训任务实施

情境　订单业务处理

【学　　时】5

【学习目标】掌握订单业务处理流程与要点，打造标准的物流客服人员形象

【重点难点】体会订单业务处理流程

【学习过程】

1. 学生查询资料学习相关知识，教师讲解。

（1）前台订单业务处理流程。

（2）电话业务处理流程。

（3）网上业务受理流程。

（4）订单查询业务受理流程。

2. 教师发布业务受理任务，小组讨论分析。

（1）布置发货业务受理任务。

（2）布置异地调货业务处理任务。

（3）布置提送货业务处理任务。

（4）布置市内派送业务受理任务。

（5）布置长途派送业务受理任务。

（6）布置长途巡展业务受理任务。

（7）布置电话订单业务受理任务。

（8）布置网上业务受理任务。

（9）布置订单查询业务任务。

3. 小组按照任务布置展开小组活动。

（1）学生根据发货业务受理任务书设置情境。

（2）学生根据异地调货业务处理任务设置情境。

（3）学生根据提送货业务处理任务设置情境。

（4）学生根据市内派送业务受理任务设置情境。

（5）学生根据长途派送业务受理任务设置情境。

（6）学生根据长途巡展业务受理任务设置情境。

（7）学生根据电话订单业务受理任务设置情境。

（8）学生根据网上业务受理任务设置情境。

（9）学生根据订单查询业务任务设置情境。

4. 小组展示与评价。

（1）小组展示。

（2）小组自评、组间互评、教师点评。

项目考核

【1 学时】

请绘制各订单业务处理流程图，并根据每个流程设置情境模拟。

_____

_____

_____

_____

实训任务总结 ✦➤

_____

_____

_____

_____

_____

_____

_____

_____

☞ **考核标准**

【情境活动评价】

表 8 – 2　　　　　　　　　　　"订单业务处理"评分表

考评内容	能力评价			
	具体内容	分值	学生评分 (0.4)	教师评分 (0.6)
考评标准	客户服务业务	20		
	处理客户服务业务技巧	30		
	小组展示与评价	40		
	团队合作	10		
合　计		100		

注：考评满分为 100 分，60～74 分为及格；75～84 分为良好；85 分以上为优秀

各组成绩

小组	分数	小组	分数	小组	分数

教师记录、点评：

☞ **熟能生巧**

物流企业客服人员的形象至关重要，请思考如何从客户服务礼仪、办公室礼仪、商务礼仪、涉外礼仪和日常礼仪规范方面来打造标准的物流客服人员形象。

项目九　处理物流客户服务业务

本实训是在"物流市场营销"课程的基础上，结合前期已学课程，通过明确客户投诉的定义、原因，处理客户投诉的流程和技巧来使学生能够正确处理客户投诉，并且掌握物流客户信息的收集和管理工作流程，实现客户信息的有效管理。

实训课任务一　客户投诉处理

☞ **实训课程名称**

客户投诉处理

☞ **实训课程学时**

理论 2 学时，实训 4 学时

☞ **实训学习目标**

知识目标 ✛➤

1. 正确认识客户投诉。
2. 掌握物流客户投诉的原因和投诉客户的类型。
3. 掌握受理客户投诉的流程。
4. 掌握客户投诉处理的技巧。

能力目标 ✛➤

1. 能根据事件立即分析客户投诉的原因。
2. 能对客户投诉做出快速反应。
3. 针对不同方式投诉的客户能及时按流程处理。
4. 会填制投诉记录表。

5. 能正确处理客户投诉，使客户感到满意。

☞ 实训学习方法

自学（收集资料法、比较学习法、小组讨论法）、听讲学习（提问、总结、作业）、实操（小组展示法、头脑风暴法、案例分析法）

☞ 实训课程程序

实训课程介绍

本次实训课任务旨在让学生通过学习和思考，正确认识客户投诉，通过分析客户投诉的原因及类型，掌握受理客户投诉的流程和技巧，以达到客户满意的目的，从而培养学生利用专业知识分析问题与解决问题能力、语言组织与表达能力以及系统思维能力。

本次实训课任务设置学习情境为处理客户投诉。

实训任务说明

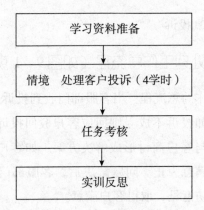

实训知识铺垫

一、物流客户投诉的原因

1. 因产品或物流服务质量引发的投诉
2. 因物流公司工作人员引发的投诉
3. 客户个性化需求达不到满足而引发的投诉

4. 政府监管和社会原因

二、投诉客户的类型（如表9－1所示）

表9－1　　　　　　　　　　　　投诉客户的类型

序号	投诉客户类型	投诉客户的表现	所占比例
1	质量监督型	建议改进产品/服务质量	20%～30%
2	理智型	希望他们的问题得到答复	20%～25%
3	谈判型	想要求赔偿	30%～40%
4	受害型	需要同情	15%～20%
5	忠实拥戴型	希望传播他们的满意	5%～20%

三、物流客户投诉的方式

1. 电话或电话热线受理客户投诉
2. 客户直接找公司领导或相关管理部门投诉
3. 客户到公司投诉
4. 网络受理客户投诉
5. 写信函快递或发传真投诉

四、物流客户投诉处理工作总流程（如图9－1所示）

物流客户投诉处理工作的总流程：当客服部门收到投诉后，应立即填写投诉记录，相关人员调查投诉原因，如投诉不成立则回应客户驳回投诉；如投诉成立，则传递工作联系单与客户沟通，经与客户商讨形成解决方案。如客户不同意，还需修订方案再次与客户沟通，直至客户满意为止。问题解决后，客服部门要适时进行客户回访，进行满意度调查，并记录回访意见，取得客户满意。

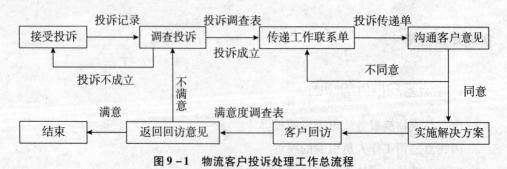

图9－1　物流客户投诉处理工作总流程

五、常见客户投诉处理方式及对应流程

1. 客户投诉方式及对应流程（如图9-2所示）

客户投诉方式主要有书面投诉（通过信函形式）、网络投诉（通过客户邮件、客服通信网络平台或电子商务平台系统）、电话投诉（通过手机或座机）和现场投诉（客户亲自到公司客户服务部投诉）等形式。无论采取何种形式，总体流程均为受理客户投诉后，调查差错原因，落实差错责任，商讨确定处理方案（一种或多种），将处理方案交给客户，向其解释差错原因，并致歉，请求客户谅解，并予以相应赔偿。问题解决后，回访客户，达成客户满意。

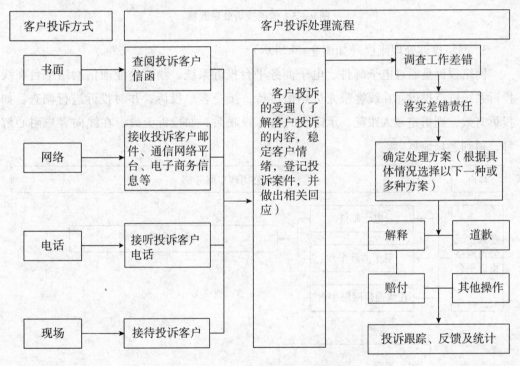

图9-2 客户投诉方式及对应流程

2. 信函投诉处理流程（如图9-3所示）

信函投诉主要通过传真、邮件、信件等形式进行，客户通过信函投诉到物流公司客户服务部，客服人员查阅信函，并根据信函内容了解投诉事件，经调查如投诉有效，则填写"客户投诉登记表"，就投诉内容以电话、书面回复客户，告知客户投诉已被受理，物流公司会有专人负责跟进（提供负责人的姓名及联系方式给客户）。认真展开调查，密切追踪进展情况并及时与客户联系。如投诉无效，就投诉内容以电话、书面回复客户，感谢客户所提出的意见，解释相关事宜，提出解决方案，寻求客户谅解。

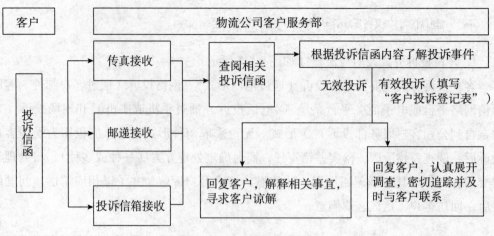

图 9 – 3　信函投诉处理流程

3. 网络投诉处理流程（如图 9 – 4 所示）

网络投诉是通过电子邮件、电子商务平台投诉系统、物流企业通信网络平台在线投诉系统进行投诉。在线客服人员热情接待，接受客户投诉，并对投诉进行调查，如投诉有效，则指定专人跟踪，承诺及时与客户联系。如投诉无效，在线向客户耐心解释，得到客户谅解。

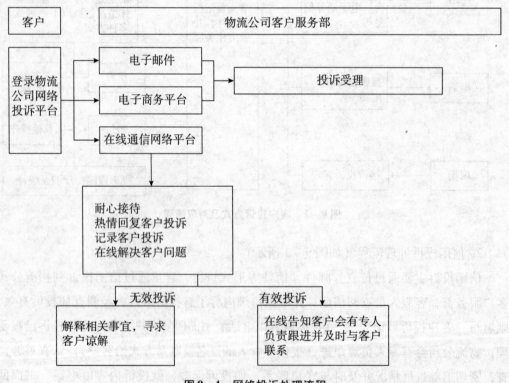

图 9 – 4　网络投诉处理流程

4. 电话投诉处理流程（如图 9 – 5 所示）

电话投诉是通过手机或座机致电物流公司客户服务部门进行投诉。客户有问题致电物流公司客服部，客服部礼貌接听，并倾听客户投诉，适时记录。如投诉有效，则填写投诉单，指派专人跟踪并及时联系客户；如无效，则向客户解释原因，征求客户意见，最后有礼貌地向客户询问是否有其他需求，礼貌挂机。

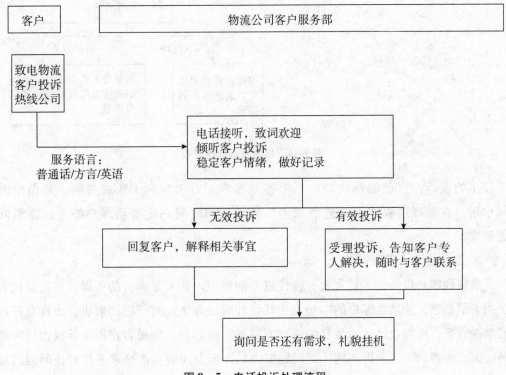

图 9 – 5　电话投诉处理流程

5. 当面投诉处理流程（如图 9 – 6 所示）

当面投诉是指客户亲自上门找物流公司客服部门进行投诉。客服部门或相关部门人员热情接待，稳定客户情绪，并引领客户在尊位就座及奉茶，耐心聆听客户投诉的内容及要求，并对关键信息做好记录（填写"客户投诉登记表"）。对客户投诉的内容要表示理解。如投诉有效，找到问题负责部门及时处理问题。如投诉无效，则耐心解释原因，获取客户谅解。

六、客户投诉处理技巧

1. 虚心接受客户投诉，耐心倾听对方诉说

客户只有在利益受到损害时才会投诉，作为客服人员要专心倾听，并对客户表示理解，做好记要。待客户叙述完毕后，复述其主要内容并征询客户意见。对

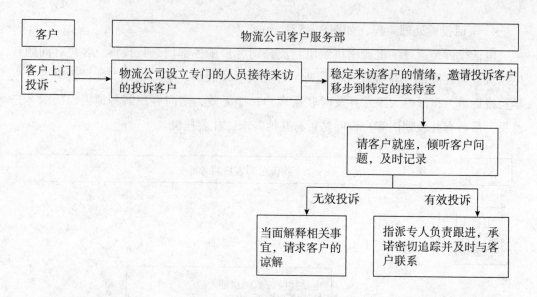

图 9-6　当面投诉处理流程

于较小的投诉,自己能解决的应马上答复客户。对于当时无法解答的,要做出时间承诺。在处理过程中无论进展如何,到承诺的时间一定要给客户答复,直至问题解决。

2. 设身处地,换位思考

当接到客户投诉时,首先要有换位思考的意识。如果是本方的失误,首先要代表公司表示歉意,并站在客户的立场上为其设计解决方案。对问题的解决,也许有三四套解决方案,可将自己认为最佳的一套方案提供给客户。如果客户提出异议,可再换另一套,待客户确认后再实施。当问题解决后,至少还要再次征求客户对该问题的处理意见,争取下一次的合作机会。

3. 承受压力,用心去做

当客户的利益受到损失时,着急是不可避免的,以至于会提出一些过分的要求。作为客服人员,此时应能承受压力,面对客户始终面带微笑,并用专业的知识、积极的态度解决问题。

4. 有理迁让,处理结果超出客户预期

纠纷出现后要用积极的态度去处理,不应回避。在客户联系你之前,应先主动与客户沟通,让对方了解每一步进程,争取圆满解决并使最终结果超出客户的预期,让客户满意,从而达到在解决投诉的同时抓住下一次商机。

5. 长期合作,力争双赢

在处理投诉和纠纷的时候,一定要将长期合作、共赢、共存作为一个前提,以下技巧值得借鉴:

（1）学会识别、分析问题。

（2）要有宽阔的胸怀、敏捷的思维及超前的意识。

（3）善于引导客户，共同寻求解决问题的方法。

（4）具备本行业丰富的专业知识，随时为客户提供咨询服务。

（5）具备财务核算意识，始终以财务的杠杆来协调收放的力度。

（6）有换位思考的意识，勇于承担自己的责任。

（7）处理问题时留有回旋的余地，任何时候都不要将自己置于险境。

（8）处理问题的同时要学会把握商机。通过与对方的合作达到双方共同规避风险的共赢目的。

此外，客服人员应明白自己的职责，首先要解决客户最想解决的问题，努力提升在客户心目中的地位及信任度。通过专业知识的正确运用和对公司政策在不同情况下的准确应用，最终达到让客户与公司都满意的效果。

七、正确对待客户投诉，可能会带来商机

（1）一位客户的投诉得到了圆满解决，他会将此次满意的经历告诉他的客户，至少会是三个以上。据专业研究机构研究表明，对客户投诉的圆满解决，其广告效应会比媒体广告效应高 2~3 倍。

（2）问题被圆满解决了的投诉客户将会比其他客户更加忠诚，他们甚至会积极地赞美并宣传公司的产品及服务。

（3）有效解决有难度的投诉，会提高客服人员今后与客户打交道的技巧。

实训任务实施

情境　处理客户投诉

【学　　时】4

【学习目标】体会处理客户投诉的流程和技巧

【重点难点】有效处理客户投诉，让客户感到满意

【学习过程】

1. 学生查询资料学习相关知识，教师讲解。

（1）什么是客户投诉？

（2）客户投诉有哪些类型？

（3）客户投诉的原因有哪些？

（4）客户投诉的处理流程。

（5）如何有效处理客户投诉？

2. 阅读案例，教师组织学生讨论并回答相关问题。

【案例】

王芳来到某连锁快餐店用餐，发现这家店的薯条和鲜蔬汤的质量与其他分店差距很大。因为曾有过失败的投诉经历，所以她打算不告诉店员自己的想法，以后不来这家分店就是了。可是吃着吃着，王芳决定还是告诉他们，以便得以改善。王芳叫来了店长，于是有了下面一段对话：

王芳：我有一些建议，你愿意听吗？

店长：……

假如你是这位店长，你将如何接待王芳的投诉？

_____

_____

_____

_____

_____

_____

_____

_____

_____

3. 教师步骤任务，各小组开展活动。

客户投诉处理综合实训活动步骤：

（1）各组阅读情境 1 至情境 4，并进行讨论。

情境 1：中国网上零售师大赛委员会通过申通快递公司给浙江湖州大学邮寄了一套初赛选拔的考试卷，考试在下午 1∶30 开始，可是当天中午 11∶00 湖州大学还没有收到试卷，负责这件事的刘老师十分着急，焦急地与申通总公司联系并询问情况。（如果你接听了来电，该如何处理？理由是什么？）

情境 2：大赛委员会说很早就寄出了，应该在两三天前就收到了，申通公司总部说快件两天前就已经到湖州了，请刘老师向湖州申通分公司咨询。（如果你是总部你会如何处理？理由是什么？）

情境 3：湖州申通分公司说这个快件已经被领走了，签名的就是刘老师。刘老师愤怒地要求核对笔迹，并向申通总部和浙江申通投诉要求申通快递承担相应的后果。（如果你是浙江公司员工，你会该如何处理？理由是什么？)

情境4：不久证明，该快件是申通公司湖州分公司员工由于快递详情单上刘老师的电话号码出错，联系不上刘老师，才冒名签收放在了湖州分公司。(如果你是湖州分公司员工，你会如何处理？理由是什么？)

情境5：面对刘老师愤怒的抱怨及投诉事件的前因后果，作为公司营运经理，下一步将如何做？

(2) 各组根据讨论结果总结出各自的实施办法和理由。

(3) 各组展示成果。

(4) 自评、互评、总评。

项目考核

【2 学时】

致电电信移动客服

活动步骤：

1. 各小组选派代表分别致电电信、移动、腾讯 QQ 等客服进行客户投诉。

2. 聆听客服中心服务过程及语言表达等。

3. 总结该客服使用的服务技巧。

4. 总评、点评。

实训任务总结 ➕➡

_____

_____

_____

_____

_____

_____

_____

_____

☞ **考核标准**

【情境活动评价】

表9-1　　　　　　　　"处理客户投诉"评分表

考评内容	能力评价			
考评标准	具体内容	分值	学生评分 (0.4)	教师评分 (0.6)
	客户投诉处理技巧	20		
	处理方式	30		
	处理流程	30		
	理由方式	20		
合　　计		100		

注：考评满分为100分，60~74分为及格；75~84分为良好；85分以上为优秀

各组成绩

小组	分数	小组	分数	小组	分数

教师记录、点评：

☞ 熟能生巧

一位客户急匆匆地来到某邮局窗口收银处。客户说："小姐，刚才你算错了 100 元。"收银员满脸不高兴："你刚才为什么不点清楚？银货两清，概不负责。"客户说："那谢谢你多给的 100 元了。"客户扬长而去，收银员目瞪口呆。

思考：你觉得该收银员的问题出在哪里？

_____

_____

_____

_____

_____

_____

_____

_____

_____

_____

实训课任务二　管理客户信息

☞ 实训课程名称

管理客户信息

☞ 实训课程学时

理论 2 学时，实训 4 学时

☞ 实训学习目标

知识目标 ✦➤

1. 了解客户信息的概念、作用及质量要求。
2. 熟悉客户信息收集工作流程和管理工作流程。

能力目标

1. 能够按照客户信息收集工作流程和管理工作流程对客户信息进行有效管理。
2. 领悟客户信息管理作用。

☞ 实训学习方法

自学（收集资料法、比较学习法、小组讨论法）、听讲学习（提问、总结、作业）、实操（情境再现法、头脑风暴法、案例分析法）

☞ 实训课程程序

实训课程介绍

本次实训课任务旨在让学生通过分析和讨论，了解和认识客户信息管理的含义和作用，体会客户信息收集的内容和流程，能够按照流程正确处理客户信息，并对客户信息进行分类管理，实现客户信息的有效管理。

本次实训课任务的主要情境为管理客户信息。

实训任务说明

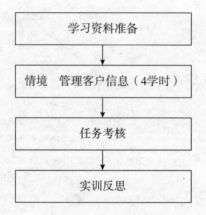

学习资料准备

↓

情境　管理客户信息（4学时）

↓

任务考核

↓

实训反思

实训知识铺垫

一、物流客户信息的概念

物流客户信息是随企业的物流活动发生的，是与物流订货信息、库存信息、生产指标信息、发货信息、物流和信息流等信息相对应的组织或个人的集成。在这个信息整体中，客户的订货信息是最基本的信息，它是物流企业备货（包括生产企业生产制造和流通企业进货）发货的依据；同时也是物流管理部门管理和控制物流活动的基础。

二、物流客户信息收集工作流程（如图9-7所示）及方法（见表9-2）

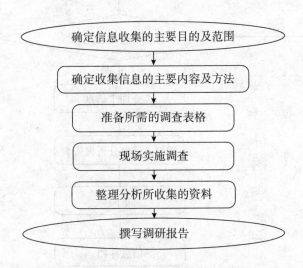

图9-7 物流客户信息收集工作流程

表9-2 物流客户信息收集方法

信息收集方法	具体操作
统计资料法	物流客户信息收集的主要方法，可借助各种原始记录收集资料，资料较分散，因此需要汇总整理
观察法	实地观察取得，信息来源直接，无主要色彩
会议现场收集法	通过学术报告会、经验产流会等会议现场收集
阅读法	通过阅读报刊、图书等信息传播媒介收集信息
视听法	通过电视、广播等信息传播媒体收集信息
多项沟通法	建立信息联络网，在相关单位或部门间互通情报
聘请法	聘请企业外部人员为企业收集信息
购买法	向信息中介公司有偿获取资料
加工法	依企业的建制，按需要汇总基础数据，形成有用信息

三、物流客户信息归类整理（如图9-8所示）

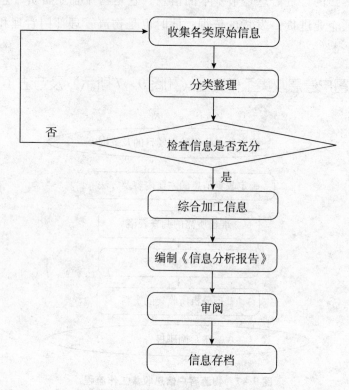

图9-8 物流客户信息处理工作流程

四、物流客户信息分类管理

表9-3 　　　　　　　　　　物流客户ABC分类管理

客户分类	特　征	信息分析要点	管理要点
A类客户	交易金额占物流企业交易总额的70%左右，对企业的影响大	营销动态、服务需求、经营状况、财务状况、人事变动等	定期拜访，及时提供销售折扣，全方面地满足客户服务需求；优先处理其投诉案件
B类客户	特定时间内交易金额最多的前5%中扣除A类客户后的客户。对企业有一定的影响	交易金额、交易周期及竞争对手的信息	建立其忠诚度，提供更多的维持服务
C类客户	交易金额最多的20%客户中扣除前两类客户以外的客户。交易额较小，占企业销售总额的10%以下	交易性质、服务品种及交易价格	保持联系，削减对其服务的时间，注重营销策略的灵活运用，挖掘有发展潜力的C类客户，力争将其发展为B类客户
D类客户	忠诚度和信用度都不高，订单不多，要求多	订单数量、服务要求	提供很少的服务

表 9 - 4　　　　　　　　　　　　ABC 类客户访问管理

等级 \ 人员	营销人员	业务经理	市场总监	总经理或副总经理
A	走访：每月 3 次 电话：每月 2 ~ 3 次	走访： 1 ~ 2 月 1 次	走访： 半年 1 次	走访： 1 年 1 次
B	走访：每月 2 次 电话：每月 1 ~ 2 次	走访： 2 ~ 3 月 1 次	走访： 6 ~ 12 月 1 次	有必要时
C	走访：每月 1 次 电话：每月 1 次	—	—	—

实训任务实施

情境　管理客户信息

【学　　时】4

【学习目标】体会客户信息管理相关内容

【重点难点】客户信息管理流程及方法

【学习过程】

1. 布置学生查询资料（预习、自学阶段）。

（1）什么是物流客户信息？

（2）物流客户信息收集流程工作流程及方法。

（3）物流客户信息归类整理流程。

（4）物流客户信息分类管理流程。

2. 案例分析。

【案例】

经过一段时间的努力，利达物流公司客服部业务团队在负责人张同的带领下，通过各种方法寻找到数量颇多的客户。怎样才能有效地管理物流客户信息呢？

_____

_____

_____

_____

_____

3. 教师步骤任务，各小组开展活动。

建立客户资料卡

活动步骤：

（1）各小组根据本公司收集到的物流客户基本资料，填制客户资料卡。

（2）小组展示、介绍。

（3）老师总结与评价。

项目考核 ✚➤

【2 学时】

各小组整理好客户资料卡后，小组合作，对客户进行分级管理，并通过物流客户资格审查，确定潜在客户。请各组写出详细的分级和资格审查过程，并记录审查结果。

_____

_____

_____

_____

_____

_____

实训任务总结 ✚➤

_____

_____

_____

_____

_____

_____

_____

_____

☞ 考核标准

【情境活动评价】

表 9 – 5　　　　　　　　　"管理客户信息"评分表

考评内容	能力评价			
	具体内容	分值	学生评分 (0.4)	教师评分 (0.6)
考评标准	信息收集	20		
	归类整理	30		
	分类管理	30		
	团队合作	20		
合　计		100		

注：考评满分为100分，60~74分为及格；75~84分为良好；85分以上为优秀

各组成绩

小组	分数	小组	分数	小组	分数

教师记录、点评：

☞ 熟能生巧

请撰写关于本公司的物流客户信息分析报告。

_____

_____

_____

_____

_____

参考文献

［1］曲建科．物流市场营销［M］．北京：电子工业出版社，2007．

［2］梁智慧．物流营销实务［M］．北京：机械工业出版社，2014．

［3］曲建科．物流市场营销第［M］．2 版．北京：电子工业出版社，2011．

［4］旷健玲．物流市场营销［M］．北京：电子工业出版社，2012．